Sommaire

© SOPHIE LE GRELLE

MACRON ET SON PROJET NÉOLIBÉRAL : DEUX CITOYENS RACONTENT CINQ ANNÉES DE GUERRE SOCIALE.

© 2022, Groupe Delcourt

Lire un extrait

ÉDITIONS DELCOURT

PAR LAURENT JEANNEAU

GÉNÉRATION QUOI ?

Sacrifiée, désenchantée, abandonnée, désespérée, désabusée, mal-aimée. Les qualificatifs négatifs font florès quand il s'agit d'évoquer la jeunesse. On serait presque tenté de vieillir le plus vite possible, pour échapper à cette galère. Ou pas. Car, fort heureusement, tout n'était pas mieux avant.

D'ailleurs, dans le temps d'avant, cette complainte était un refrain tout aussi populaire. Quand certains, plutôt chenus, s'inquiétaient du « péril jeune », d'autres, plutôt en début de trajectoire, pointaient déjà des jeunes en péril. A croire que chaque génération a l'impression d'être pénalisée par rapport à celle qui l'a précédée. A part peut-être la jeunesse dorée du baby-boom arrivée après une Deuxième Guerre mondiale, mais il faut bien une exception pour confirmer la règle… En réalité, les Français aiment bien s'autoflageller en pleurant un prétendu âge d'or. L'avenir des jeunes n'est pourtant pas écrit à l'avance. Le champ des possibles leur est encore ouvert. Pour au moins une bonne raison : ils ont toute leur vie devant eux.

Certes, il ne faut pas tomber dans l'excès inverse. Les difficultés qu'ils rencontrent pour faire leurs premiers pas dans la vie active sont réelles. Les marches à gravir peuvent paraître très hautes, particulièrement en temps de Covid. Et, de fait, beaucoup d'entre eux trébuchent en faisant l'expérience de la précarité sur le marché du travail, ou se prennent les pieds dans un système scolaire ultra-élitiste. Certains ne se relèveront pas, ou difficilement. Mais la plupart continuent à avancer. Car les jeunes sont loin de partager un même destin. Si le parcours pour accéder à l'âge adulte est sans doute un peu plus chaotique qu'avant, les inégalités les plus flagrantes ne sont pas à chercher entre générations, mais au sein d'une même génération. La jeunesse n'est pas sacrifiée. Elle est fracturée.

OBLIK L'INFO GRAPHIQUE **RÉDACTION :** 28 rue du Sentier 75002 Paris ; **directeur des publications, président du conseil d'administration :** Christian Chavagneux ; **directeur général :** Jérémy Dousson ; **directeur de la rédaction :** Laurent Jeanneau ; **coordination de ce numéro :** Laurent Jeanneau et Yann Mens ; **secrétaire générale de la rédaction :** Charlotte Chartan ; **rédaction :** Antoine Cariou, Christian Chavagneux, Justin Delépine, Sandrine Foulon, Vincent Grimault, Matthieu Jublin, Aude Martin, Xavier Molénat, Céline Mouzon, Naïri Nahapétian ; **secrétariat de rédaction :** Martine Dortée et Nathalie Zemour-Khorsi ; **direction artistique, conception graphique :** Christophe Durand ; **maquette :** Marie-July Berthelier, Odile Chesnot et Christophe Durand ; **illustration couverture :** Léa Murawiec.

Directeur marketing : Frédéric Desiles ; **Directrice diffusion :** Hélène Reithler. **Chargée de promotion, relations presse :** Véronique Orlandi (01 44 88 95 90).

RELATIONS CLIENTS, SIÈGE SOCIAL : 12 rue du Cap-Vert, CS 40010, 21801 Quetigny Cedex, tél. : 03 80 48 10 25, fax : 03 80 48 10 34. **Inspection des ventes** (dépositaires et diffuseurs) : Destination média, tél. : 01 56 82 12 06 ; **diffusion :** en kiosque : MLP ; en librairie : Interforum, 3 allée de la Seine, 94854 Ivry-sur-Seine Cedex, tél. : 01 49 59 10 10.

PUBLICITÉ : L'Autre régie 28 rue du Sentier, 75002 Paris, www.lautre-regie.fr, **directrice de régie :** Anne Boulain (01 44 88 58 85).

Edité par la Scop-SA Alternatives Economiques à capital variable, partagé entre les salariés (62 %), la Société civile des lecteurs d'Alternatives Economiques (19 %), l'Association des lecteurs (1 %), des anciens salariés (9 %) et des associés extérieurs compagnons de route (9 %). RC 84 B 221 Dijon, Siret 330 394 479 00043.

Imprimerie : Roto Champagne (52000 Chaumont). Imprimé en France/Printed in France sur papier fabriqué en Espagne. **Dépôt légal :** mars 2022. **ISBN :** 978-2-35240-301-2 ; **ISSN :** 2606-7234

© **Alternatives Economiques.** Toute reproduction, même partielle, des textes, infographies et documents parus dans le présent numéro est soumise à l'autorisation préalable de l'éditeur, quel que soit le support de la reproduction. Toute copie destinée à un usage collectif doit avoir l'accord du Centre français d'exploitation du droit de copie (CFC) : 20 rue des Grands-Augustins, 75006 Paris, tél. : 01 44 07 47 70, fax : 01 46 34 67 19, site : www.cfcopies.com

LE TRI + FACILE

Alternatives Economiques

Prenons un jeune et disséquons-le. Que trouvons-nous à l'intérieur ? Des quantités considérables d'envies, de projets, d'espoirs de toutes sortes. Quelques désillusions bien sûr, mais pas encore nombreuses. Pas mal de vides à combler aussi, que les connaissances et les expériences devraient progressivement remplir. Refermons le jeune maintenant et laissons-le vaquer à ses occupations en continuant à l'observer. Que constatons-nous ? Qu'il se heurte dans ses études, dans son travail, dans sa vie personnelle à des obstacles que parfois les générations précédentes n'ont pas connus, même si chacune a eu son lot d'embûches. Qu'il perd le moral à l'occasion. Que devant l'adversité et l'état du monde dont il hérite, il tance volontiers ses aînés, tout en commettant des erreurs qu'ils ont déjà commises. Ou d'autres, de son cru. Et qu'il est empêtré dans ses contradictions. Quelle conclusion pouvons-nous en tirer ? Qu'en dépit des apparences, le jeune est un être désespérément normal et qu'il a toute la vie devant lui. **Yann Mens**

GÉNÉRATION NO FUTURE ?

Illustration : Léa Murawiec

I. DANS LA PEAU D'UN JEUNE

Difficiles à comprendre, les jeunes ? Toujours là à tergiverser, à tourner en rond ? Mettez-vous à leur place : ils ont du temps à revendre, parfois même le luxe de s'ennuyer. Car la jeunesse s'allonge ! Ce serait une bonne nouvelle s'ils avaient l'occasion d'en profiter. Ce n'est pas le cas de la totalité d'entre eux. Pour certains, c'est l'opportunité de mûrir leurs choix de vie, et de multiplier les expériences. Mais pour beaucoup, ce temps qui s'étire, c'est aussi celui de l'incertitude, des orientations contraintes et des espoirs déçus. Comment s'étonner, dès lors, qu'ils aient hâte de passer à autre chose…

L'ÂGE DU PREMIER RAPPORT SEXUEL BAISSE TOUJOURS UN PEU PLUS...
... TANDIS QUE CELUI DE LA NAISSANCE DU PREMIER ENFANT RECULE...
PFU !...
GÉNÉRATIONS DE BRANLEURS !

A quel âge est-on jeune ?

ÂGE DES DIFFÉRENTES ÉTAPES D'ENTRÉE DANS LA VIE ADULTE EN FRANCE

Sources : Ined, Eurostat, Cése, Insee

* Il s'agit de l'âge médian, c'est-à-dire l'âge auquel la moitié d'une population a déjà vécu un événement donné, et l'autre non.
** Il s'agit ici de l'âge moyen, c'est-à-dire la moyenne des âges des personnes appartenant aux populations considérées.

Le chemin vers l'autonomie est de plus en plus long

La jeunesse, on sait quand elle commence, beaucoup moins quand elle s'arrête. D'autant qu'elle tend à s'allonger ! C'est à partir de l'adolescence que l'on n'est plus un enfant, à 15 ans. On entame alors un parcours plus ou moins long qui nous mène vers l'indépendance. Car avant d'arriver à l'âge adulte, il faut franchir plusieurs étapes. En finir avec les études, d'abord : c'était le cas en France dès 16 ans dans les années 1950, tandis qu'aujourd'hui l'âge médian de fin des cours a reculé à 21 ans. Autres caps symboliques : l'accès à un logement autonome, le premier emploi stable, la mise en couple et, enfin, la parentalité. Autant de seuils qui arrivent de plus en plus tard. Par convention statistique, on considère généralement que les jeunes sont les 15-24 ans. Parfois, certaines sources fixent les bornes à 15 et 29 ans, ce qui se rapproche davantage de la définition sociologique de la jeunesse. On le voit, les frontières de la jeunesse sont mouvantes. Et pas seulement d'une génération à l'autre. Dans certains milieux sociaux, on ne peut pas se payer le luxe de rester jeune trop longtemps...

Laurent Jeanneau

+ POUR EN SAVOIR PLUS
« Les chiffres clés de la jeunesse 2021 », Injep, 2021.

Illustration : Anne-Isabelle Lucas

Cernés par les vieux

PART DES 15-29 ANS DANS LA POPULATION FRANÇAISE, EN %

Source : Insee

Plus d'une personne sur cinq en France a 65 ans ou plus aujourd'hui

La jeunesse n'est pas éternelle, il faut se rendre à l'évidence. Mais *quid* des jeunes ? Ils sont de moins en moins nombreux en France : en 2021, les 15-29 ans étaient 11,7 millions, ils représentaient ainsi 17,3 % de la population française. En 2050, ils ne seront plus que 10,8 millions, selon les projections de l'Insee, soit 15,7 %. Après la fin du baby-boom, la fécondité a en effet baissé, même si elle reste dynamique par rapport aux autres pays européens.

Inversement, les seniors sont de plus en plus nombreux, du fait de la hausse de l'espérance de vie. En 2021, plus d'une personne sur cinq en France a 65 ans ou plus, une part qui augmente depuis plus de trente ans. Ce vieillissement de la population s'accélère d'ailleurs depuis le milieu des années 2010, avec l'arrivée à 65 ans des premières générations nombreuses nées après-guerre, les fameux baby-boomers. Et ce n'est pas fini : « *le rythme moyen du vieillissement pour les cinquante prochaines années devrait être du même ordre de grandeur que celui observé sur les cinquante dernières années* », précise l'Insee. Résultat, en 2070, les seniors devraient représenter 29 % de la population. Les nouvelles générations vont devoir s'habituer à être jeunes dans un pays de vieux.

Laurent Jeanneau

+ POUR EN SAVOIR PLUS

« 68,1 millions d'habitants en 2070 : une population un peu plus nombreuse qu'en 2021, mais plus âgée », *Insee Première* n° 1881, 2021, cutt.ly/uUOH9Di

Illustration : Marine Coutroutsios

Rats des villes

PART EN 2018 DES 15-29 ANS DANS LA POPULATION DES TROIS DÉPARTEMENTS DE FRANCE MÉTROPOLITAINE QUI COMPTENT PROPORTIONNELLEMENT LE PLUS DE JEUNES ET DES TROIS QUI EN COMPTENT LE MOINS, EN %

Source : Insee

Les moins de 30 ans vivent plutôt en ville qu'à la campagne

« **O***ù sont les femmes ?* », se demandait en 1977 le chanteur Patrick Juvet. Le refrain est souvent repris par les habitants des campagnes à propos des jeunes. Incontestablement, ces derniers vivent davantage en ville. Paris, Rhône, Haute-Garonne, Nord, Hérault…, les départements les plus urbains sont particulièrement jeunes. Les métropoles concentrent en effet les pôles universitaires, et bien souvent les premiers emplois des jeunes diplômés. Ces néo-urbains s'ajoutent à une population déjà plutôt jeune, car les taux de natalité urbains sont souvent supérieurs (notamment en Seine-Saint-Denis). Les départements ruraux gardent bien sûr une partie de leurs jeunes, surtout dans le Nord-Est, comme l'a montré le sociologue Benoît Coquard [1]. Mais ils souffrent d'un déficit temporaire de forces vives. Temporaire, car à la fin de leur jeunesse, et à l'arrivée de leurs enfants, nombre d'exilés ruraux reviennent vivre au pays. **Vincent Grimault**

[1] Dans *Ceux qui restent : faire sa vie dans les campagnes en déclin*, La Découverte, 2019.

+ POUR EN SAVOIR PLUS
« Du rural éloigné au rural proche des villes : cinq types de ruralité », *Insee Analyses Auvergne-Rhône-Alpes* n° 77, 2019, cutt.ly/GUOXwgH

Illustration : Laura Ancona

Une espèce en voie de régression

PART DES 15-24 ANS DANS LA POPULATION, PAR RÉGION DU MONDE, EN 2020 ET EN 2050, EN %

Source : Nations unies

La proportion de jeunes va décliner partout dans le monde, mais pas au même rythme

Toujours plus nombreux, mais moins lourds. En tout cas, démographiquement. Le nombre de jeunes va continuer d'augmenter dans le monde au cours des trois décennies à venir, estiment les Nations unies. Les 15-24 ans sont aujourd'hui 1,2 milliard. Ils devraient être 1,3 milliard en 2050 et leur effectif pourrait atteindre un pic de 1,4 milliard autour de 2065. En revanche, du fait de la baisse de la fécondité et de l'allongement de l'espérance de vie qui affectent de façon plus ou moins rapide les différents continents, les jeunes représenteront une part plus faible de la population planétaire, de 15,5 % aujourd'hui à 13,8 % dans trente ans. D'ores et déjà, leur poids est très inégal d'une région du monde à l'autre : 11,2 % en Europe et en Amérique du Nord, contre un peu moins de 20 % en Afrique subsaharienne, par exemple. Des proportions qui, dans les deux cas, ne devraient pas beaucoup baisser à l'horizon 2050. En revanche, les jeunes Latino-Américains et leurs homologues asiatiques vont se retrouver avec des portions de plus en plus congrues d'ici trente ans.

Yann Mens

+ POUR EN SAVOIR PLUS
World Youth Report 2020, Nations unies.

Illustration : Lana Savary

Sexualité : pas de précipitation

ÉVOLUTION DE L'ÂGE MÉDIAN AU PREMIER RAPPORT SEXUEL EN FRANCE, POUR LES GÉNÉRATIONS AYANT EU 18 ANS EN 1964-1968 ET 2014-2016

Source : Santé publique France

Ils se tiennent plutôt sages, les jeunes d'aujourd'hui

Stupreuse, la jeunesse d'aujourd'hui ? Certains aînés tendent à le penser, qui déplorent les conduites supposément irresponsables d'adolescents détournés du droit chemin par la libéralisation des mœurs. Force est pourtant de constater qu'ils se tiennent plutôt sages, si l'on en juge par l'âge au premier rapport sexuel qui, après avoir chuté rapidement entre les années 1960 et 1970, reste beaucoup plus tardif qu'on ne l'imagine souvent (y compris chez les jeunes eux-mêmes !). Les normes de genre persistent d'ailleurs : dans la moitié des cas, les femmes vivent leur première fois avec un partenaire plus âgé d'au moins deux ans (20 % chez les hommes). Elles sont également nombreuses à témoigner avoir subi des rapports forcés, ou au moins des tentatives (8 % des 15-17 ans et 14 % des 18-19 ans). L'ancien monde sexuel est loin d'être mort, pour le meilleur comme pour le pire. **Xavier Molénat**

+ POUR EN SAVOIR PLUS

« Baromètre santé 2016. Genre et sexualité. D'une décennie à l'autre », par Nathalie Bajos, Delphine Rahib et Nathalie Lydié, Santé publique France, 2018, cutt.ly/SPYCBQ3

Illustration : Géraldine Polès

Maman prend

L'âge moyen au premier enfant varie encore beaucoup selon le diplôme

Pas pressées de pouponner. En 2018, en moyenne, les femmes donnent naissance à leur premier enfant à 28,7 ans, soit quatre ans et demi plus tard qu'en 1967. L'âge à la première maternité n'a cessé d'augmenter du fait des progrès de la contraception, de l'élévation du niveau de diplôme et d'un meilleur accès au marché du travail.

Néanmoins, l'âge moyen au premier enfant varie encore beaucoup selon le diplôme. En 2012, il est de 25,6 ans pour les personnes sans diplôme ou ayant juste le brevet des collèges et de 29,6 ans pour les diplômées du supérieur, soit un écart de 4,3 ans. Les diplômées du supérieur ont en effet tendance à retarder l'arrivée de leur premier enfant tant que durent leurs études, elles s'installent plus tardivement avec leur conjoint et vivent plus longtemps à deux avant d'avoir un enfant. L'écart entre les âges à la première maternité selon le niveau de diplôme s'est toutefois légèrement atténué au cours du temps puisque les femmes peu ou non diplômées ont également des enfants plus tard.

Naïri Nahapétian

+ POUR EN SAVOIR PLUS

« Bilan démographique 2021 », *Insee Première* n° 1889, janvier 2022, accessible sur cutt.ly/MOXxzOU

son temps

ÂGE MOYEN DES FEMMES AU PREMIER ENFANT, EN ANNÉES

Source : Insee, 2019

Illustration : Christian Roux

Mauvais climat

RÉPONSES À L'AUTOMNE 2020 DES EUROPÉENS DE 16 À 30 ANS À LA QUESTION « QUELS SONT LES PRINCIPAUX DÉFIS GLOBAUX POUR L'AVENIR DE L'EUROPE ? », EN %

Source : Kantar Public, enquête auprès des Européens de 16 à 30 ans (octobre-novembre 2020)

Plus que le terrorisme ou les pandémies, les risques pour l'environnement préoccupent les jeunes Européens

La principale menace à leurs yeux ? Le changement climatique et les désordres environnementaux. Pour les Européens de 16 à 30 ans, interrogés à l'automne 2020, soit bien avant que la Russie n'attaque l'Ukraine, ce danger pèse sur le continent davantage (49 %) que les risques sanitaires (37 %), en dépit du Covid présent depuis peu. Ou que le terrorisme (34 %), implanté de longue date. Cette hiérarchie des dangers est la même que celle de leurs aînés. Avec quelques inflexions cependant. Ainsi, les risques d'attaques armées par des individus ou des groupes radicaux préoccupent davantage les plus de 30 ans (39 %) que les plus jeunes. De même, les aînés sont un peu plus inquiets (28 %, contre 25 %) devant les possibles effets de mouvements migratoires forcés. A l'inverse, les 16-30 ans sont plus sensibles à des formes de menaces telles que les cyberguerres et les nouvelles formes de conflit (16 %, contre 13 %), ou les risques que pourraient provoquer de nouvelles technologies (13 %, contre 10 %).

Yann Mens

+ POUR EN SAVOIR PLUS

« Desk Research : European Youth in 2021 », Centre Kantar sur le futur de l'Europe, 2021, accessible sur cutt.ly/5PXuzyu

Illustration : Johan Keslassy

DE QUOI LA JEUNESSE EST-ELLE LE NOM ?

« La jeunesse n'est qu'un mot », analysait Pierre Bourdieu dans le titre d'un fameux entretien paru en 1978. Par cette formule lapidaire, le sociologue entendait rappeler que les frontières entre classes d'âge étaient non seulement relatives d'une époque à une autre, mais revenaient aussi et surtout *« à produire un ordre dans lequel chacun doit se tenir à sa place »*. Vingt ans après sa mort, sa citation n'a pas perdu sa pertinence. Pour Bourdieu, au-delà des trajectoires individuelles, toute la difficulté de l'analyse est surtout de combiner âge et milieu social. Entre l'intérimaire du bâtiment et l'élève d'une grande école parisienne dont les parents financent les études, les modes de vie sont souvent opposés. Les fils et filles d'ouvriers ou d'employés ont en moyenne des scolarités plus courtes et mettent plus de temps pour trouver un emploi stable, alors que les enfants de cadres supérieurs restent plus longtemps sur les bancs de l'école et trouvent du travail plus rapidement. Au-delà du marché du travail, les vêtements, les goûts musicaux, le langage et les loisirs des jeunes diffèrent eux aussi selon les milieux sociaux. •

JEUNES D'HIER ET JEUNES D'AUJOURD'HUI

Avoir 20 ans, le bel âge ? Tout dépend de là où on se place. Les frontières de la jeunesse n'ont cessé de se mouvoir à travers l'histoire. Et si l'on peut encore être considéré comme jeune à cet âge aujourd'hui, ce n'était pas forcément le cas autrefois. Le temps dédié à la jeunesse a longtemps été éphémère dans les sociétés où la mise au travail était très précoce : seule une petite minorité pouvait réellement en profiter. Pour mémoire, ce n'est qu'en 1841 que l'on a interdit en France le travail des enfants de moins de 8 ans, pour passer progressivement à 16 ans en 1959. Dans la Grèce antique, le passage à l'âge adulte était conditionné à l'apprentissage du maniement des armes. Il fallait alors passer l'équivalent du service militaire, dès 18 ans. Une étape similaire à ce que l'on retrouvait pour les hommes de 20 à 25 ans en France, jusqu'à l'arrêt de la conscription obligatoire en 2001. La majorité civile, fixée aujourd'hui à 18 ans, n'était pas pour autant circonscrite au service militaire. Elle était atteinte à 21 ans avant 1974. Sous l'Ancien Régime (1515-1789), il fallait attendre 30 ans pour les garçons, et 25 ans pour les filles. •

DES MARIAGES DE PLUS EN PLUS TARDIFS

Se marier, est-ce nécessairement épouser la vie d'adulte ? En France, le mariage a longtemps été considéré comme une étape nécessaire pour entériner le départ du foyer parental. Il coïncidait aussi temporellement avec l'installation du couple, comme le relève la sociologue Florence Maillochon. Deux seuils définissant la fin de la jeunesse auxquels s'ajoute généralement l'obtention d'un emploi stable. Mais ces événements sont aujourd'hui déconnectés. Et l'âge du premier mariage évolue en conséquence. Il s'élevait en 2018 à 31,6 ans chez les femmes, contre 27,4 ans en 1996, selon l'Insee. Chez les hommes, il atteignait 33,2 ans en 2018, soit 3,7 années de plus qu'en 1996. Ces chiffres sont toutefois à différencier de la moyenne de l'âge du mariage en général, qui ne se limite pas aux premières unions. Cet âge moyen du mariage atteignait 36,7 ans chez les femmes en 2020, contre 30 ans en 1996. Pour les hommes, il se hissait à 39,2 ans en 2020, contre 32,6 ans en 1996, selon l'Insee. •

PRIVÉS DE DROITS SOCIAUX

En matière de responsabilité civile et de droits sociaux, les jeunes doivent faire face à une série d'injonctions contradictoires. On attend d'eux qu'ils participent en tant que citoyens à la vie de la société (participation électorale dès 18 ans, engagement associatif dès 16 ans, etc.) et on les considère pénalement responsables de plus en plus tôt (dès 13 ans). Or, ils sont dans le même temps maintenus dans une situation de dépendance familiale. Un paradoxe accentué par le versement aux parents des aides destinées à soutenir les jeunes, comme les prestations familiales. Ce choix politique contribue à les maintenir dans une situation de dépendance, qui s'avère d'autant plus problématique lorsqu'ils sont en situation de rupture familiale. Dans ce contexte, ils disposent de peu de droits directs, hormis les bourses d'études, les aides au logement et les indemnisations chômage. Avant 25 ans, les conditions sont rarement remplies pour bénéficier du revenu de solidarité active. Au final, être jeune, c'est être socialement maintenu dans un statut de mineur, dans une société qui prône pourtant la responsabilisation de l'individu. •

EN MEILLEURE SANTÉ

C'est une conséquence logique de l'élévation des niveaux de vie et de la qualité des soins : la santé des jeunes ne cesse de s'améliorer en France. Exemple parmi d'autres, à 15 ans, la part de jeunes qui n'ont aucune carie est passée de 53 % en 2003 à 68 % en 2017, selon les données du ministère de la Santé. La consommation de tabac diminue également au fil des enquêtes, même si l'on compte encore tout de même un quart de fumeurs quotidiens (25,1 %) à 17 ans, selon l'Office français des drogues et de la toxicomanie (2019). Cette amélioration globale ne doit pas masquer les difficultés qui subsistent. En France, l'obésité chez les enfants ne décroît pas depuis une dizaine d'années : 16 % des garçons et 18 % des filles en sont victimes, rapporte l'Inserm (2019). Pire, pour les jeunes âgés de 15 à 24 ans, le suicide représente la première cause de mortalité (17 % des décès sont des suicides pour cette tranche d'âge, contre 1,7 % tous âges confondus), ainsi qu'en témoignait en 2014 le dernier rapport de l'Observatoire national du suicide. •

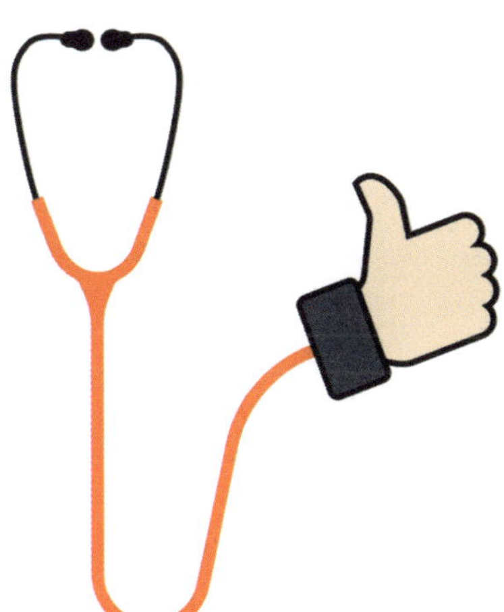

QUELLES SONT LES VILLES LES PLUS JEUNES DE FRANCE ?

Dans les territoires, une forte présence de jeunes est souvent synonyme d'attractivité : de nombreuses villes se vantent ainsi d'être la plus « jeune » de France. Or, tout dépend du critère utilisé pour les classer. Ainsi, Paris accueille certes le plus grand nombre de jeunes : 516 375 habitants âgés de 15 à 29 ans en 2018, soit 23,7 % de sa population, selon l'Insee. Mais la ville qui compte la plus grande part d'étudiants dans sa population n'est autre que Poitiers, avec 29 000 étudiants inscrits à l'université, soit 21 % de la population cette année. Une particularité dont Poitiers est très fière. D'autant plus qu'elle est synonyme d'emplois, car l'université de Poitiers est l'un des principaux employeurs locaux. Selon le site L'étudiant, qui fait référence sur le sujet, la meilleure ville pour étudier en 2022 est en revanche Toulouse, devant Lyon et Rennes. Côté social, Valenciennes est la seule ville à proposer un abonnement aux transports en commun gratuit pour les moins de 25 ans. •

Textes : Antoine Cariou - Illustrations : Laurent Duvoux

II. LA LUTTE DES PLACES

Le mérite a bon dos. C'est en son nom que l'école s'est transformée en machine à trier. Mais les dés de la réussite scolaire sont socialement pipés. Tous les jeunes n'ont pas les mêmes chances de décrocher un bon diplôme, quelle que soit leur ardeur au travail. Les « fils et filles de » partent avec une longueur d'avance. Pourtant, l'enjeu est de taille, tant le fameux sésame est ensuite déterminant sur le marché du travail. Même si l'accès à l'université s'est démocratisé, la compétition scolaire reste féroce car les débouchés sont limités. Sous pression, beaucoup de jeunes ont l'impression de jouer leur vie à chaque fois qu'ils passent un examen. On ne peut malheureusement pas totalement leur donner tort...

JE VIENS D'AVOIR MON DIPLÔME !
BRAVO !
ÇA N'A PAS ÉTÉ TROP DIFFICILE ?
EH BIEN...
ÇA A SURTOUT ÉTÉ BEAUCOUP DE BOULOTS...
SERVEUR À MCDO, LIVREUR DELIVEROO, CHAUFFEUR UBER...

Sortie de classes

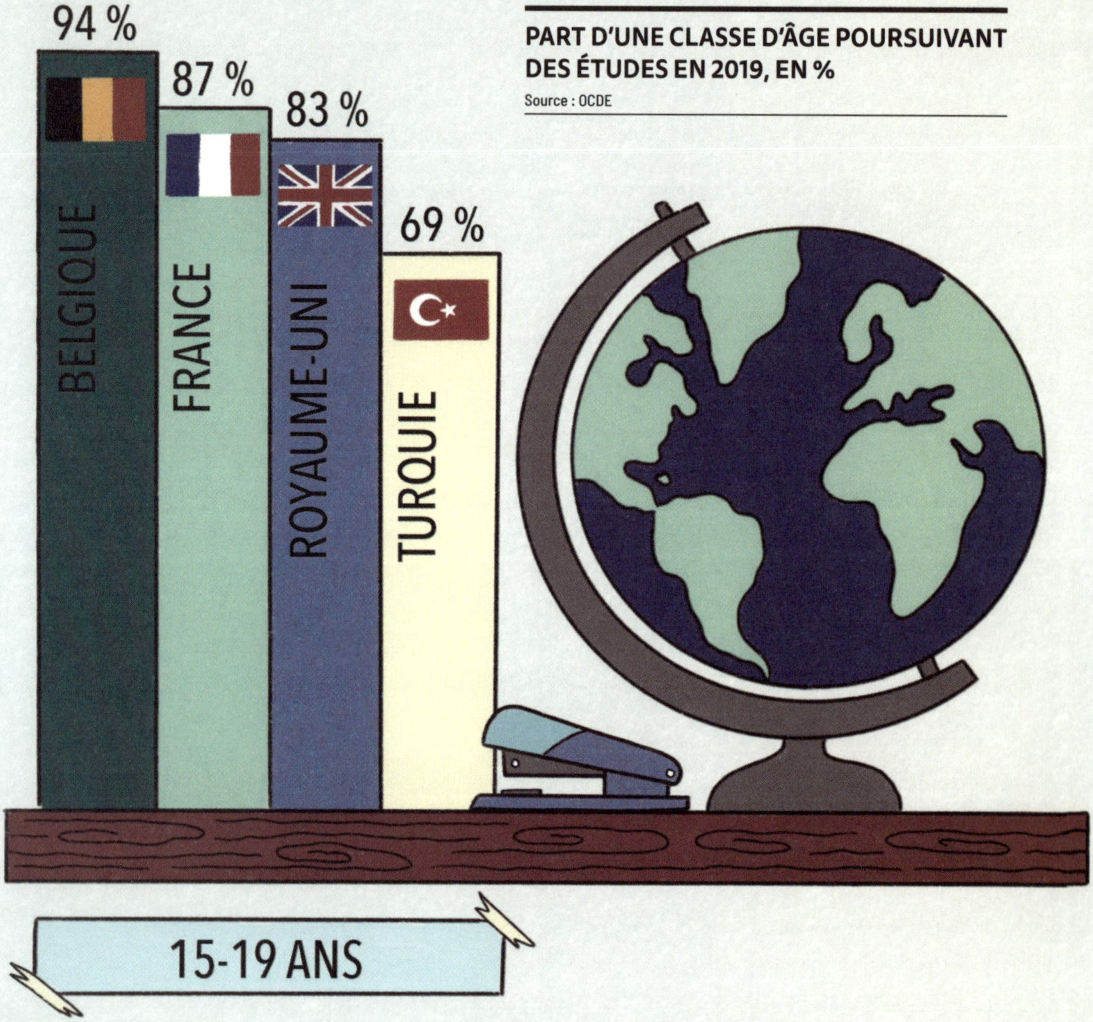

Entre le lycée et l'université, la fréquentation baisse de moitié

Tant que l'école est obligatoire, pas le choix : on y va. Et dans la plupart des Etats de l'OCDE, cette obligation s'impose jusqu'à l'âge de 16 ans, même si dans certains pays, elle prend fin un peu plus tôt (15 ans en Slovénie par exemple) et d'autres plus tard (18 ans en Belgique, au Portugal ou au Chili). Au final, entre 15 et 19 ans, le taux de scolarisation moyen dans l'OCDE est de 84 %. Avec des pointes à 94 % en Irlande ou à 93 % en Lituanie. Une fois le cycle du secondaire bouclé et l'obligation scolaire disparue, la fréquentation des salles d'étude tombe de moitié (41 %) pour les 20-24 ans, voire plus bas dans des pays comme la France, la Hongrie ou le Royaume-Uni. Puis elle glisse jusqu'à 16 % en moyenne dans l'OCDE pour les 25-29 ans. Mais, là encore, avec des écarts importants. En Turquie ou en Finlande, environ 30 % des jeunes de cette tranche d'âge restent étudiants jusqu'à l'aube de leur troisième décennie alors qu'outre-Manche et plus encore en France, où le doctorat est peu valorisé sur le marché du travail, ils désertent en masse les salles d'examen.

Yann Mens

+ POUR EN SAVOIR PLUS

« Education at a Glance, 2021 », OCDE, septembre 2021, accessible sur cutt.ly/IPInLh2

Illustration : Emma Akhtari

Moins de décrocheurs

PART DES SORTANTS PRÉCOCES DU SYSTÈME SCOLAIRE FRANÇAIS PARMI LES 18-24 ANS, EN %

Sources : Insee, enquêtes Emploi ; calculs et corrections des ruptures de série Menjs-Mesri-Depp

La France progresse dans la lutte contre le décrochage scolaire

Bonne nouvelle : la part des décrocheurs dans le système scolaire français est en baisse. Alors qu'ils étaient 11,3 % parmi les 18-24 ans en 2003 à n'avoir ni CAP, ni BEP, ni baccalauréat, ils ne sont plus que 8,2 % en 2019 (9,6 % chez les garçons, 6,9 % chez les filles). L'objectif que s'était donné la France d'atteindre un seuil de 9,5 % de sortants précoces d'ici à 2020 a donc été atteint. En nous inspirant des pays scandinaves, nous avons en effet instauré une plus grande continuité entre l'école primaire et le collège, tandis que l'enseignement professionnel se développe. Néanmoins, nous n'avons pas encore un système aussi performant que les Pays-Bas, souvent cités en exemple, dans la lutte contre le décrochage scolaire. Dans ce pays, la loi impose à l'élève sans diplôme une année de scolarisation à temps partiel jusqu'à l'âge de 18 ans et l'apprentissage y est très développé avec l'aide des municipalités et des acteurs économiques.

Naïri Nahapétian

+ POUR EN SAVOIR PLUS

« La lutte contre les sorties précoces dans l'Union européenne », ministère de l'Education nationale, 2015, accessible sur cutt.ly/LOMPzBB

Illustration : Anne-Gaëlle Amiot

Passe ton bac d'abord !

PROPORTION DE BACHELIERS DANS UNE GÉNÉRATION, EN %

Source : ministère de l'Education

L'accès plus général au précieux sésame rend plus difficile l'insertion de ceux qui ne l'ont pas

Depuis sa création en 1808, le baccalauréat n'a cessé de se démocratiser. Alors que dans les années 1960, à peine plus d'un jeune sur dix y était candidat, aujourd'hui, seule une minorité ne l'a pas. Il a fallu trente-quatre ans pour que la promesse de 80 % d'une classe d'âge au bac, faite en 1985 par le ministre de l'Education nationale d'alors, Jean-Pierre Chevènement, soit tenue. C'est en grande partie grâce aux bacs professionnels et technologiques, créés respectivement en 1986 et en 1968. Ainsi, en 2019, seulement 42,6 % d'une classe d'âge détiennent un bac général, 20,9 % ont obtenu un bac professionnel et 16,5 % un bac technologique.

Dans ce mouvement, le bac a-t-il perdu de sa valeur ? En réalité, cet accès plus général au baccalauréat rend plus difficile l'insertion de ceux qui ne l'ont pas – même si certains CAP-BEP permettent de trouver rapidement un emploi dans des secteurs qui cherchent des jeunes, comme la plomberie. Et l'augmentation du taux de bacheliers se traduit par un meilleur accès à l'enseignement supérieur.

Naïri Nahapétian

+ POUR EN SAVOIR PLUS

« Tableaux de l'économie française. Edition 2020 », *Insee Références*, février 2020, accessible sur cutt.ly/f00b5hJ

Illustration : Fanny Monier

Etudes sup pour classes sup

TAUX D'ACCÈS À L'ENSEIGNEMENT SUPÉRIEUR DES 18-24 ANS SELON LE DÉCILE DE REVENU DES PARENTS, EN %

Sources : Drees-Insee (2014), ENRJ ; Chetty et *al.* (2014) pour les Etats-Unis

Champ : cohortes nées entre 1980 et 1982 aux Etats-Unis et cohortes nées entre 1990 et 1996 en France.

Les plus riches sont trois fois plus souvent diplômés du supérieur

L'accès à l'enseignement supérieur s'est-il démocratisé ? Pas vraiment. Certes, le nombre d'étudiants a été multiplié par huit en France depuis les années 1960, mais les inégalités restent très élevées. Seuls 35 % des jeunes de 18 à 24 ans dont les parents font partie des 10 % les moins aisés ont accès à l'enseignement supérieur, contre près de 90 % de ceux qui appartiennent aux 10 % les plus riches. Quasiment trois fois plus ! L'accès aux masters ou aux filières sélectives (classes préparatoires, études de médecine, grandes écoles) est encore plus inégalitaire : parmi les 70 % des ménages les moins aisés, moins de 10 % des jeunes accèdent aux masters, par exemple, contre 35 % pour les 10 % les plus riches. Plus surprenant encore : les inégalités d'accès à l'enseignement supérieur en France sont similaires à celles observées aux Etats-Unis. Deux éléments d'explication peuvent être avancés, qui valent pour les deux côtés de l'Atlantique : l'importance du soutien financier des parents, mais aussi l'autocensure des classes sociales les moins privilégiées.

Laurent Jeanneau

+ POUR EN SAVOIR PLUS

« Enseignement supérieur : un accès inégal selon le revenu des parents », par Cécile Bonneau et Sébastien Grobon, *Focus* n° 76, Conseil d'analyse économique, décembre 2021.

Illustration : Emma Akhtari

Des diplômes de moins

AU BOUT DE 1 À 4 ANS

AU BOUT DE 11 ANS ET PLUS

PART, EN 1985 ET 2020, DES CADRES ET PROFESSIONS INTERMÉDIAIRES PARMI LES DIPLÔMÉS DE NIVEAU BAC +2, SELON LE TEMPS ÉCOULÉ DEPUIS LA SORTIE DE FORMATION INITIALE, EN %

Source : Céreq

Le niveau de qualification de la jeunesse a évolué plus vite que celui exigé par le marché du travail

en moins rentables

AU BOUT DE 1 À 4 ANS

AU BOUT DE 11 ANS ET PLUS

Toujours plus nécessaires, mais de moins en moins suffisants, tel est le paradoxe contemporain des diplômes. Le sort des détenteurs de titres scolaires reste en effet largement plus enviable que celui des non-diplômés, qui subissent de plus en plus massivement chômage et précarité. A l'inverse, avoir un bac +2 ou plus offre la quasi-garantie d'obtenir assez rapidement un emploi à durée indéterminée. Cela n'assure plus, en revanche, un accès au statut de cadre – qui se raréfie –, ni de significatives progressions des carrières salariales – qui, sans s'effondrer, s'aplatissent. Tout simplement parce que le niveau de qualification de la jeunesse a évolué plus vite que celui exigé par le marché du travail. Cruel constat pour une jeunesse incitée à augmenter toujours plus son niveau d'études, sans savoir à quelle hauteur les efforts consentis seront un jour récompensés.

Xavier Molénat

+ POUR EN SAVOIR PLUS

« Le déclassement : un phénomène enraciné », par Vanessa di Paola et Stéphanie Moullet, *Essentiels* n° 1, Céreq, avril 2018.

Illustration : Simon Bailly

Mon amphi va craquer !

ÉVOLUTION DES EFFECTIFS D'ÉTUDIANTS ET D'ENSEIGNANTS PERMANENTS À L'UNIVERSITÉ ENTRE 2000 ET 2019, EN %

Source : Mesri

A l'université, les effectifs étudiants gonflent, pas les moyens

Il y en a du monde pour une supposée « voie de garage » : l'université française connaît en effet un succès qui ne se dément pas, avec plus de 1,5 million d'inscrits à la rentrée 2021-2022, soit près de 200 000 de plus qu'en 2000. Mais les moyens ne suivent pas : depuis 2013, après avoir été artificiellement gonflée par le passage à l'autonomie des universités, la dépense publique par étudiant, qui y est déjà faible, diminue chaque année et pourrait bientôt repasser sous la barre symbolique des 10 000 euros (contre 15 710 euros pour un élève de classe préparatoire en 2019). Sous-dotées, les universités rognent souvent sur les recrutements d'enseignants-chercheurs et l'entretien des locaux pour assurer le fonctionnement ordinaire des établissements. Un choix politique qui est une drôle de façon de préparer l'avenir.

Xavier Molénat

+ POUR EN SAVOIR PLUS

« Repères et références statistiques sur les enseignements, la formation et la recherche 2021 », ministère de l'Enseignement supérieur, de la Recherche et de l'Innovation, cutt.ly/TOMR3I6

Illustration : Serprix

Génération galère

NOMBRE D'ÉTUDIANTS BÉNÉFICIAIRES DE L'AIDE SPÉCIFIQUE PONCTUELLE DU CROUS

Source : Crous

En 2020-2021, un quart des étudiants ont déclaré des difficultés financières importantes

Sur les bancs de l'université, le ventre vide. Les images d'étudiants faisant la queue à la soupe populaire pendant la crise sanitaire ont marqué les esprits. Et pour cause : alors que 6 400 étudiants bénéficiaient de l'aide spécifique ponctuelle versée par les centres régionaux des œuvres universitaires et scolaires (Crous) au printemps 2019, leur nombre a doublé en un an, passant à 13 200 en avril 2020. En mars 2021, ils étaient toujours 11 700. En 2020-2021, un quart des étudiants ont déclaré des difficultés financières importantes, soit 4 points de plus qu'en 2019-2020, selon l'Observatoire de la vie étudiante (OVE). Il faut dire que la part des étudiants exerçant un emploi est passée de 46 % avant l'épidémie à seulement 37 % en décembre 2021.

Face à cela, les bourses sur critères sociaux, actuellement versées à 750 000 personnes, sont extrêmement basses. Un étudiant dont les deux parents déclarent un revenu brut global de 40 000 euros par an (soit à peine plus que le Smic) n'est éligible qu'à une bourse mensuelle de 120 euros. Aussi, une organisation comme la Fédération des associations générales étudiantes (Fage) réclame une réforme d'ampleur des bourses, promise par Emmanuel Macron sans être mise en œuvre. **Naïri Nahapétian**

POUR EN SAVOIR PLUS

« Une année seuls ensemble. Enquête sur les effets de la crise sanitaire sur l'année universitaire 2020-2021 », Observatoire national de la vie étudiante, *OVE info* n° 45, novembre 2021.

Illustration : Benjamin Tejero

DAVANTAGE D'ÉTUDIANTS

Depuis douze ans, le nombre d'étudiants inscrits en France dans l'enseignement supérieur progresse régulièrement, pour atteindre près de 2,8 millions de personnes à la rentrée 2020, contre 2,3 millions en 2010. En 2020-2021, l'augmentation exceptionnelle du taux de réussite au baccalauréat (+ 7 points), en lien avec la procédure de contrôle continu mise en place suite à la crise sanitaire du Covid-19, s'est répercutée dans la quasi-totalité des filières de l'enseignement supérieur : + 4,5 % en cursus licence, + 2,6 % dans les formations d'ingénieurs, + 10,2 % en école de commerce… Seuls les effectifs des classes préparatoires restent stables. 60 % des étudiants se concentrent dans l'université, où les moyens en matière d'encadrement n'ont pas suivi. Ainsi, les dépenses par étudiant sont passées de 11 910 euros à 11 470 euros entre 2010 et 2018. Pour autant, la hausse du nombre d'étudiants est une bonne nouvelle : elle participe à l'élévation du niveau d'éducation dans une économie plus exigeante en qualifications. •

LE PRIVÉ A LA COTE

En 2020-2021, la progression des effectifs étudiants dans l'enseignement supérieur privé a été de 5,1 %, contre 1,3 % dans l'enseignement supérieur public. Le privé accueille ainsi 592 600 étudiants au total, soit 21 % des effectifs du supérieur, contre 13,5 % en 2001. La quasi-totalité des écoles de commerce, gestion ou comptabilité relève du secteur privé. Celui-ci scolarise également près d'un tiers des étudiants en STS et quatre étudiants sur dix des écoles d'ingénieurs. Dans les classes préparatoires, le secteur privé représente 16 % des inscrits. *« Le ministère a progressivement et implicitement externalisé une partie de l'enseignement supérieur au secteur privé »*, écrit le sociologue Nicolas Charles dans *Une jeunesse sacrifiée* (PUF, 2021), qui rappelle aussi que *« l'enseignement supérieur privé n'étant que marginalement subventionné, son développement constitue une opportunité de massification sans dépense publique »*. •

PARCOURSUP DU COMBATTANT

La mise en place des plates-formes Admission post-bac (APB) puis de Parcoursup a étendu la sélection à l'entrée des études supérieures. Mais si APB avait des défauts, Parcoursup provoque des cauchemars chez les lycéens et leurs parents. Créé par la loi Orientation et réussite étudiante (ORE) de mars 2018, Parcoursup s'est en effet traduit par un surcroît d'opacité dans la sélection, puisque les candidats ne peuvent plus hiérarchiser leurs vœux et ne savent donc pas à quelle date et selon quels critères leurs vœux sont acceptés ou pas. En juillet 2021, 90 000 candidats sur 840 000 n'avaient pas d'affectation, dont 45 000 lycéens, les autres étant des étudiants en demande de réorientation ou scolarisés à l'étranger. Mais les problèmes causés par Parcoursup reflètent surtout le manque de moyens et de places à l'université. En France, les dépenses publiques d'éducation rapportées au produit intérieur brut (PIB) ont diminué, passant de 7,3 % en 2000 à 6,7 % en 2018. •

DES ÉCOLES DE COMMERCE ONÉREUSES

En pleine pandémie, après avoir subi des centaines d'heures de cours en visio, des étudiants d'écoles de commerce ont lancé une pétition pour demander, en vain, le remboursement de leurs frais de scolarité. Selon une enquête du site Major-Prépa, le prix d'un programme grande école (cursus généraliste en trois ans en école de commerce) a augmenté en moyenne de 81,5 % entre 2009 et 2020, hausse qui dépasse les 100 % à HEC, à l'ESCP et à l'EM Lyon, où le cursus en trois ans coûte plus de 50 000 euros. Depuis le début des années 2000, les chambres de commerce et d'industrie se sont en effet désengagées du financement des écoles de commerce. Certaines écoles, comme l'Essca à Angers, ont toutefois adopté un système qui permet de moduler les frais de scolarité annuels selon les revenus de la famille entre 3 000 et 12 000 euros. •

COURS TRÈS PARTICULIERS

1,5 milliard d'euros : c'est le poids du marché du soutien scolaire privé estimé par l'institut Xerfi en 2011-2012. Cela représente un million d'élèves et 40 millions d'heures de cours. 1 500 euros par an et par famille seraient dépensés pour des collégiens et des lycéens qui veulent intégrer une filière spécifique ou qui ont une stratégie d'excellence. Selon le Conseil d'analyse stratégique, qui y a consacré une note en janvier 2013, les élèves en grande difficulté n'ont pas recours au soutien scolaire. Ceux qui l'utilisent le plus sont les collégiens dont les parents exercent une profession libérale ou sont artisans, commerçants ou cadres : ils sont plus de 13 % contre 9 % en moyenne, et 6 % des enfants d'agriculteurs, par exemple. •

LES HÉRITIERS TOUJOURS D'ACTUALITÉ

La proportion de jeunes dont le père est cadre augmente avec le niveau de diplôme. Ainsi, selon le Céreq, plus de la moitié des titulaires d'un doctorat ont un père cadre et seulement 7 % un père ouvrier. Le niveau de diplôme est aussi lié au niveau d'éducation de la mère. Ainsi, 42 % des titulaires d'un doctorat ont une mère diplômée au niveau bac +3. De même, 40 % des jeunes dont les deux parents sont ouvriers possèdent, au mieux, un CAP ou un BEP. Seuls 6 % des enfants d'ouvriers accèdent au niveau bac +5 et au-delà, alors que c'est le cas de la moitié des jeunes ayant deux parents cadres. Le système scolaire français, rappellent régulièrement les enquêtes Pisa de l'OCDE, est l'un de ceux qui reproduit le plus les inégalités sociales. En cause : un modèle très élitiste où les élèves sont souvent jugés sur des habitus ou des savoir-être acquis dans la famille. •

Textes : Naïri Nahapétian - Illustrations : Laurent Duvoux

III. IL SUFFIT DE TRAVERSER LA RUE

Ça fait déjà longtemps qu'ils ont l'âge d'emprunter tout seuls les passages cloutés, mais n'en déplaise au locataire de l'Elysée, le feu piéton reste trop souvent bloqué au rouge. Décrocher un premier emploi n'a déjà rien d'évident. Le garder plus d'un mois, c'est une autre histoire. Car plus que le chômage, la vraie difficulté à laquelle les jeunes sont confrontés, c'est la précarité. Derniers embauchés, les moins de 25 ans sont aussi les premiers remerciés en cas de crise. Pour la plupart d'entre eux, cependant, le CDD n'est qu'un sas vers l'emploi durable, une forme de bizutage social. Seuls les moins diplômés restent enfermés dans la précarité. Ils ont beau traverser et retraverser la rue, ils se heurtent à une impasse.

DONC, SI JE RÉSUME...
VOUS RECHERCHEZ UNE PERSONNE JEUNE MAIS AVEC DE L'EXPÉRIENCE...
... AVEC UN PROFIL EXPERT POUR POUVOIR FORMER DES GENS EN INTERNE...
... ET TOUT ÇA EN TANT QUE STAGIAIRE.
VOILÀ.
LES JEUNES NE VEULENT VRAIMENT PLUS TRAVAILLER...
DuBoffed

Pas si désœuvrés

TAUX DE CHÔMAGE ET PART DE CHÔMEURS AU 4E TRIMESTRE 2021 EN FRANCE, EN %

Source : Insee

Les chiffres du chômage des jeunes sont beaucoup moins alarmants qu'il n'y paraît

Décrocher un premier boulot n'a rien d'évident. Mais ce n'est pas une raison pour noircir inutilement le tableau. Car la situation des jeunes sur le marché du travail n'est pas aussi catastrophique qu'on a coutume de le dire. Le taux de chômage des moins de 25 ans a fortement baissé au quatrième trimestre 2021 en France, pour s'établir à 15,9 %, un niveau historiquement bas. Cela reste plus que les 7,4 % tous âges confondus, mais ce chiffre est trompeur, car le taux de chômage est rapporté au nombre de personnes actives, c'est-à-dire qui sont en emploi ou qui cherchent un emploi. Or, 63 % des jeunes sont encore sur les bancs de l'école entre 15 et 24 ans. D'où un effet grossissant : ceux qui cherchent déjà un emploi à cet âge-là sont ceux qui ont quitté tôt les études et donc ceux qui auront le plus de difficultés à décrocher un job. Si l'on prend en compte l'ensemble des 15-24 ans, la part du chômage des jeunes n'est que de 6,4 %. Soit moins que le taux de chômage de l'ensemble de la population active...

Laurent Jeanneau

+ POUR EN SAVOIR PLUS

« 20 ans d'insertion professionnelle des jeunes : entre permanences et évolutions », Céreq, *Essentiels* n° 1, avril 2018.

Illustration : Marine Pujol

Pas tous à la

L'entrée dans la vie active est une expérience très différente selon que l'on a, ou pas, un diplôme

« *Les diplômes ne servent plus à rien !* » Voilà un discours de plus en plus répandu, dans un contexte de précarisation de l'entrée dans la vie active, de défiance des patrons envers les jeunes « *n'ayant pas encore d'expérience* », ou encore de déclassement (poste occupé inférieur au diplôme obtenu). Pourtant, les chiffres restent têtus. Non seulement le diplôme protège encore contre le chômage, mais il permet aussi plus facilement de décrocher un contrat à durée indéterminée (CDI). Un à quatre ans après leur sortie de formation initiale, 68 % des diplômés du supérieur sont en CDI, contre seulement 38 % des jeunes n'ayant pas de diplôme, ou seulement le brevet des collèges. Une large partie de ces précaires montera un jour dans le train du CDI, puisque, tous âges confondus, 75 % des salariés y sont installés aujourd'hui en France. Mais en attendant d'obtenir le sésame, ces non-diplômés connaissent des difficultés pour se loger ou obtenir un prêt bancaire, car le contrat à durée indéterminée reste une condition souvent impérative pour convaincre son banquier ou son bailleur.

Vincent Grimault

+ POUR EN SAVOIR PLUS

« France, portrait social », édition 2020, Insee.

même enseigne

PART DES PERSONNES EN CDI PARMI CELLES QUI SONT SORTIES DE FORMATION INITIALE DEPUIS 1 À 4 ANS, SELON LE NIVEAU DE DIPLÔME OBTENU, EN 2018, EN %

Source : Insee

Illustration : Pauline Stive

Le mal de l'emploi

ÉVOLUTION, EN FRANCE, DE LA PART DES SALARIÉS EN EMPLOI TEMPORAIRE (CDD, APPRENTISSAGE, INTÉRIM...) SELON L'ÂGE, EN %

Source : Eurostat

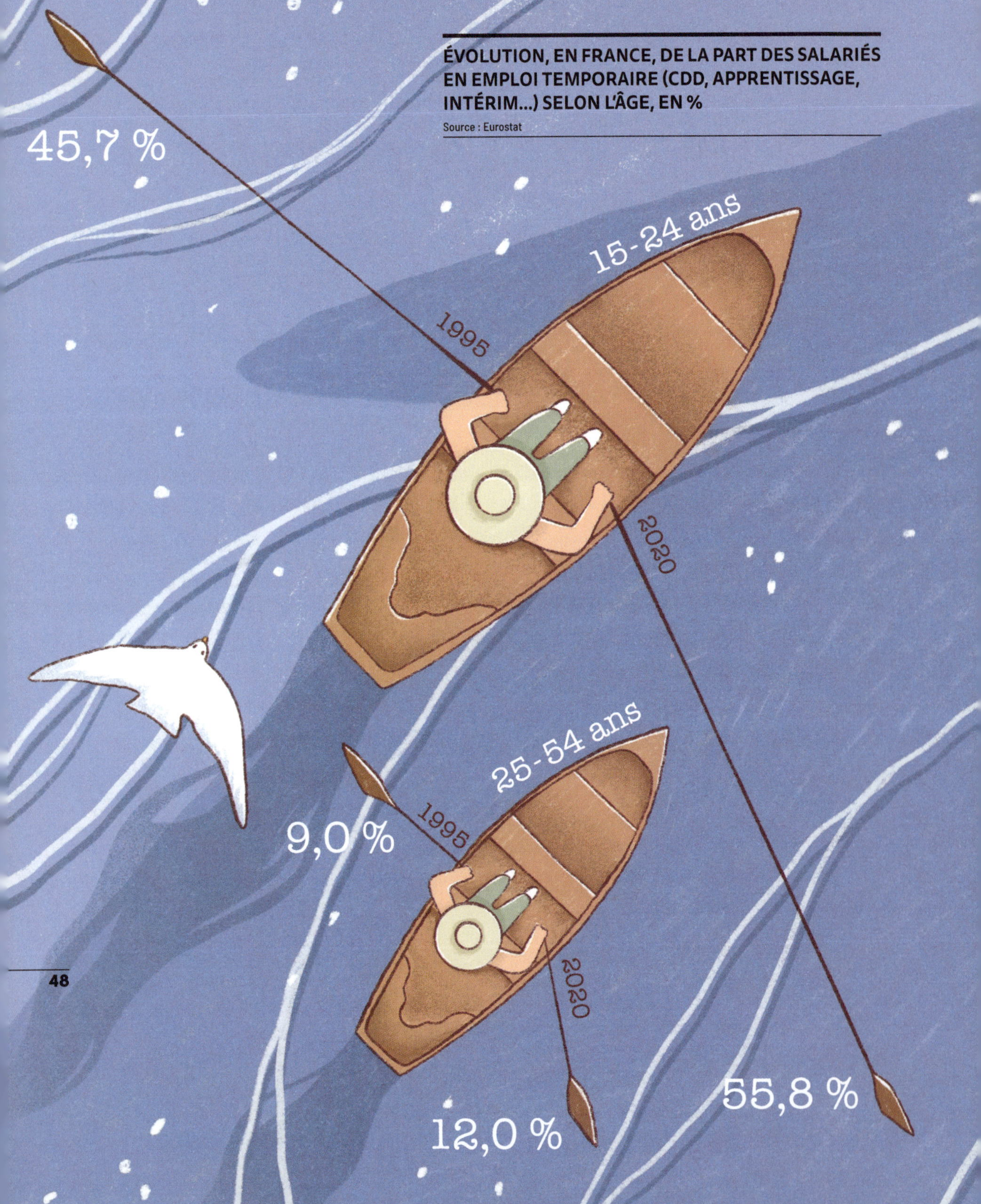

Les jeunes sont les principales victimes de la précarité du marché du travail

Au moment où le bateau de l'économie française prend la mer, ce sont les derniers matelots qu'on embauche, après les avoir laissé attendre un moment sur le quai. Et à la première tempête, ce sont ceux qui sont poussés à l'eau en premier. Les jeunes constituent la principale variable d'ajustement à la conjoncture, la crise économique liée au Covid-19 l'a une nouvelle fois rappelé. L'explication tient notamment à la nature de leurs contrats : la majorité (55,8 %) des 15-24 ans en emploi était en contrat précaire (contrat à durée déterminée, intérim, apprentissage...) en 2020, contre « seulement » 12 % des 25-54 ans, et 7,8 % des seniors. Cette précarité de l'emploi des jeunes ne date pas d'hier, mais ne cesse de s'accentuer. La part des emplois précaires chez les 15-24 ans a progressé de 10,1 points en vingt-cinq ans, contre 3 et 3,8 points pour les classes d'âge qui les précèdent. Après avoir ramé pendant quelques mois, voire quelques années, la plupart des jeunes parviennent à remonter sur le bateau France. Mais certains ne survivent pas à ces gros vents, et sont condamnés aux navires de fortune tout au long du voyage.

Vincent Grimault

+ POUR EN SAVOIR PLUS

« Le marché du travail à l'épreuve de la crise sanitaire en 2020 », Insee-Dares, 2021, cutt.ly/IPLA2PI

Illustration : Lucile Farroni

Au point

PROPORTION DE JEUNES DE 18 À 30 ANS AYANT RENONCÉ À UN EMPLOI EN RAISON DE DIFFICULTÉS LIÉES À LEURS DÉPLACEMENTS, EN %

Source : Injep, baromètre DJEPVA sur la jeunesse 2017

Un quart des jeunes connaît des difficultés

« Je traverse la rue et je vous trouve un travail. » En septembre 2018, Emmanuel Macron assurait à un jeune homme de 25 ans qu'il était simple de décrocher un job. Pourtant, il faut souvent traverser de nombreuses rues avant d'obtenir le sésame. La preuve : en 2016, 26 % des jeunes ont renoncé à un emploi et 21 % à une formation en raison de difficultés de transport, indique l'Institut national de la jeunesse et de l'éducation populaire (Injep) dans une étude. La disponibilité des transports et leur coût sont bien sûr les freins principaux. Ils touchent les jeunes de façon très inégale : alors qu'en

mort

de transport pour se rendre au travail

moyenne 7 % des jeunes n'ont accès ni à un véhicule personnel, ni à un arrêt de transport en commun à proximité de chez eux, cela concerne 15 % des jeunes peu ou pas diplômés (détenant au plus le brevet des collèges). Au-delà de ces questions matérielles, l'Injep observe que près de trois jeunes sur dix renoncent à des déplacements en raison du « caractère anxiogène » de ces derniers. De quoi rappeler que, pour certains jeunes, les freins sont multiples et les besoins d'accompagnement importants avant de pouvoir traverser les rues sereinement.

Vincent Grimault

+ POUR EN SAVOIR PLUS

« Les difficultés de transport : un frein à l'emploi pour un quart des jeunes », Injep, *Etudes et recherches* n° 6, octobre 2017.

Illustration : Marion Sellenet

Moins bien payés que leurs aînés

ÉVOLUTION DU SALAIRE MÉDIAN SUR LES SEPT PREMIÈRES ANNÉES DE VIE ACTIVE DES GÉNÉRATIONS DIPLÔMÉES EN 1998 ET EN 2010, SELON LE NIVEAU DE DIPLÔME, EN %

Source : Céreq

Les perspectives d'évolution salariale des jeunes générations se sont nettement dégradées

Les jeunes doivent en rabattre sur leurs ambitions, notamment salariales. D'une génération à l'autre, les perspectives d'évolution de leur fiche de paie se sont nettement dégradées. Les jeunes qui ont terminé leurs études en 2010 ont démarré un peu plus haut que leurs aînés, ceux qui ont commencé à travailler en 1998, avec un salaire médian de 1 265 euros contre 1 090 euros. Et c'est vrai quel que soit le niveau de diplôme. Mais au bout de sept ans, leur rémunération n'a progressé que de 19 %, contre 38 % pour la génération 1998. A niveau de vie constant, c'est-à-dire en prenant en compte l'inflation, les jeunes générations se retrouvent bel et bien moins payées que celles qui les ont précédées douze ans plus tôt. Et c'est particulièrement frappant pour les plus diplômés. Signe que la demande d'emplois qualifiés a augmenté moins vite que le nombre de diplômés.

Laurent Jeanneau

+ POUR EN SAVOIR PLUS

« Des débuts de carrière plus chaotiques pour une génération plus diplômée. Génération 2010 », par Dominique Epiphane et *alii*, *Céreq Bref* n° 382, octobre 2019, cutt.ly/PPAqstf

Illustration : Fanny Monier

Pourquoi pas moi ?

Les jeunes d'origine étrangère se heurtent à une discrimination raciale persistante

Pas toujours facile d'objectiver la discrimination. Et si le ressenti n'est pas une mesure aussi fiable qu'on le voudrait, c'est tout de même souvent un bon indicateur. Selon le Céreq, 23 % des jeunes sortis en 2013 du système éducatif et dont les deux parents sont nés à l'étranger estiment avoir été victimes de discrimination à l'embauche au cours des trois premières années de leur vie active. Ils ne sont que 9 % parmi les jeunes dont les deux parents sont nés en France. Le motif spécifiquement raciste de la discrimination, c'est-à-dire en raison de la couleur de peau, du nom ou du prénom, de l'origine étrangère, de l'accent ou de la religion, est ressenti par 19 % des jeunes dont les deux parents sont nés à l'étranger, contre 2 % pour les jeunes dont les deux parents sont nés en France. Des écarts élevés, qui invitent à prendre au sérieux le phénomène.

Céline Mouzon

+ POUR EN SAVOIR PLUS

« Quand l'école est finie. Premiers pas dans la vie active de la génération 2013. Résultats de l'enquête 2016 », *Céreq enquêtes* n° 1, 2017, cutt.ly/MIY9I30

SENTIMENT DE DISCRIMINATION À L'EMBAUCHE EN 2016 DES JEUNES SORTIS DU SYSTÈME ÉDUCATIF EN 2013, EN %

Sources : Injep, Céreq, 2017

Illustration : Nicolas Vaudour

Un rapport distancié au boulot

Une petite moitié des jeunes espère que leur carrière sera ascendante

Les jeunes veulent donner du sens à leur travail. Et contrairement à leurs aînés, ils refusent de tout sacrifier à leur vie professionnelle. Des aspirations bien légitimes. Mais dans la pratique, comment se projettent-ils dans leur boulot ? La grande enquête « Parlons travail » de la CFDT a sondé les moins de 27 ans. A la question « Comment voyez-vous votre carrière ? », une petite moitié (sur quelque 11 000 répondants) reste optimiste et espère qu'elle sera ascendante. Mais la plus grosse moitié ne fait pas de plan sur la comète. Un tiers de ces jeunes considère que le boulot, c'est juste un boulot. Pour 18 % d'entre eux, l'avenir professionnel est fait de hauts et de bas. A noter que les réponses des autres tranches d'âge sont sensiblement les mêmes.

Et les plus jeunes ne demandent pas forcément à travailler moins (29 %, contre 34 % chez les 56 ans et plus). Ils sont en revanche les plus nombreux à vouloir gagner plus (71 %, contre 56 % pour les seniors). Il n'y a pas d'âge pour nourrir des sentiments ambivalents à l'égard du boulot.

Sandrine Foulon

+ POUR EN SAVOIR PLUS

« Le rapport des jeunes au travail », Injep, cutt.ly/9PYMbrX

« Parlons travail », enquête de la CFDT, www.parlonstravail.fr

RÉPONSES DES MOINS DE 27 ANS À LA QUESTION « COMMENT VOYEZ-VOUS VOTRE CARRIÈRE ? », EN %

Source : CFDT

Illustration : Arnaud Aubry

LA PANDÉMIE FAIT RESURGIR LES NEET

NEET : cet acronyme anglais qui signifie « Not in Education, Employment or Training » désigne les jeunes qui ne sont ni en emploi, ni en études, ni en formation. En France, comme dans l'Union européenne, leur nombre avait fortement augmenté après la crise de 2008, avant de diminuer… Puis de croître à nouveau à cause de la pandémie. Dans l'Hexagone, la part des NEET parmi les 15-29 ans est ainsi passée selon Eurostat de 12,4 % à 13,4 % entre 2019 et 2020. Et de 12,9 % à 14 % dans l'Union. Mais le phénomène ne touche pas les jeunes indifféremment : jusqu'à l'âge de 21 ans, il y a plus de NEET parmi les hommes que parmi les femmes, car celles-ci sont scolarisées plus longtemps. Le rapport s'inverse ensuite, notamment parce que les jeunes femmes deviennent mères. Cet écart entre hommes et femmes a cependant tendance à diminuer en France, observe l'Insee dans une note sur les NEET parue en 2021. Il reste plus élevé dans l'Union européenne en moyenne, en particulier à l'Est (Pologne, République tchèque, Slovaquie, Roumanie, Hongrie). •

COUP DE FROID SUR LES STAGES

Confinement, télétravail, désorganisation des entreprises… La pandémie de Covid-19 n'était pas le moment rêvé pour dénicher un stage. Alors que leur nombre avait augmenté de 4,4 % par an en 2018 et 2019, il a brutalement chuté de 22 % en 2020. Une baisse qui *« s'explique quasi intégralement par l'effondrement des entrées en stage durant le premier confinement, de mars à mai »*, indique la Dares, le service statistique du ministère du Travail. Soit pile la période de l'année où ces entrées sont habituellement les plus nombreuses… Ce recul touche particulièrement les moins de 20 ans, avec une diminution de 39 % entre 2019 et 2020. D'autres malchanceux ont perdu leur stage en cours de pandémie. Et le dispositif mis en place par le gouvernement pour compenser la baisse de revenus des étudiants liée aux pertes de stages et d'emplois a échoué. Selon le rapport 2022 de la Cour des comptes, seulement 23 429 étudiants en ont bénéficié, alors que 510 000 y étaient potentiellement éligibles, en raison de critères d'accès jugés stricts et complexes. •

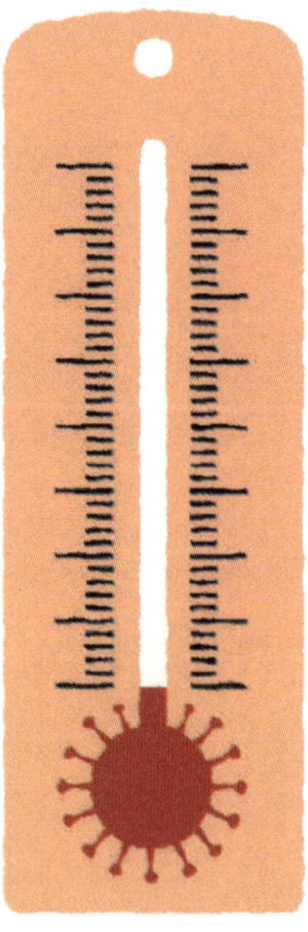

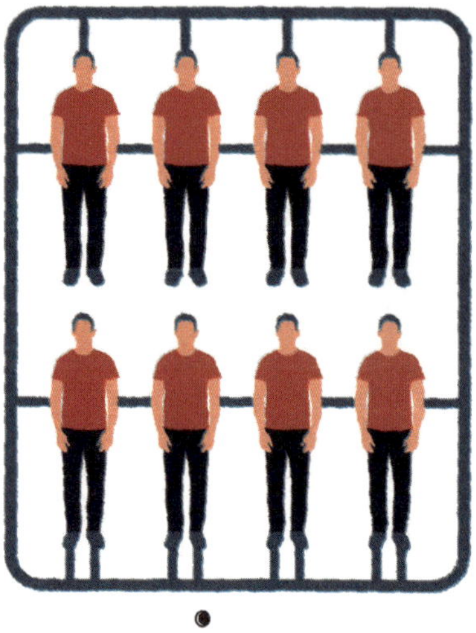

L'APPRENTISSAGE AUX MAINS DU PRIVÉ ?

Avec 698 000 contrats signés en 2021, contre 305 000 en 2018, l'apprentissage est en plein boom. Bonne nouvelle ? Le gouvernement, en tout cas, se satisfait de ces chiffres puisqu'il cherche à développer ce mode de formation en offrant aux employeurs des aides exceptionnelles de 5 000 euros par recrutement d'un apprenti mineur, et de 8 000 euros s'ils recrutent un majeur. Mais, en parallèle, l'organisation de l'apprentissage semble passer dans les mains du secteur privé. Depuis la réforme de 2018, les branches professionnelles peuvent en effet créer des centres de formation d'apprentis (CFA) sans agrément des régions, qui régulaient le secteur auparavant. Alors que ces dernières veillaient à l'équilibre entre territoires, les entreprises peuvent être tentées de concentrer les formations là où il y a le plus d'apprentis, pour améliorer leur rentabilité. Il en est de même pour le contenu des formations, qui pourront être adaptées aux demandes des entreprises privées plus facilement, même si elles devront être certifiées par l'Etat. •

CONTRAINT DE TAIRE SON HANDICAP

Si les jeunes en situation de handicap aspirent à la même réussite professionnelle que les autres, ils font face à davantage d'obstacles. Une étude réalisée en 2021 par l'Association de gestion du fonds pour l'insertion professionnelle des personnes handicapées (Agefiph) révèle que la recherche d'emploi des 18-30 ans en situation de handicap est presque deux fois plus longue que pour l'ensemble des jeunes (7,6 mois en moyenne, contre 4,2 mois). Les jeunes handicapés sont deux fois plus nombreux à considérer leur recherche d'emploi comme « *compliquée* » (58 %, contre 31 % pour les jeunes sans handicap). Selon l'enquête, ils sont 82 % à juger que « *le manque d'offres d'emploi proposant un environnement de travail accessible et adapté à leur handicap est une difficulté importante* ». Surtout, 50 % des jeunes en situation de handicap affirment avoir déjà fait l'expérience de la discrimination au cours de leur recherche d'emploi. Conséquence logique : moins de la moitié d'entre eux (39 %) indiquent leur handicap dans leur CV. •

SERVICE CIVIQUE OU EMPLOI DÉGUISÉ ?

En théorie, le service civique ne doit pas se substituer à un emploi ou à un stage. Et en réalité ? De nombreux éléments portent à croire que l'engouement des associations pour le service civique se fait parfois au détriment d'emplois pérennes. Ce dispositif, créé en 2010, s'adresse aux personnes de 16 à 25 ans souhaitant s'engager pendant six à douze mois dans la culture, l'humanitaire, l'éducation, la santé, le sport ou la solidarité. Mais, comme l'écrit la Cour des comptes en 2018, « *dans le secteur associatif, la tentation est grande pour une structure de recourir à ces jeunes dont le coût est faible, voire nul, en lieu et place d'un salarié ou d'un bénévole* ». Les jeunes volontaires reçoivent en effet une indemnité mensuelle de 107,58 € de la structure, complétée par une indemnité de l'Etat de 473,04 €. La Cour des comptes dit avoir relevé « *quelques missions* » s'apparentant à un emploi déguisé. Des critiques qui n'ont pas empêché le gouvernement d'annoncer pour 2021 la création de 100 000 places supplémentaires de service civique, pour un total final de 240 000. •

LE « PETIT » RETOUR EN GRÂCE DES CONTRATS AIDÉS

Massivement utilisés après la crise de 2008 pour lutter contre le chômage des jeunes, les contrats aidés ont été drastiquement réduits au début du quinquennat Macron. Ces contrats subventionnés par l'Etat qui s'adressent à des personnes éloignées de l'emploi ont même été qualifiés de « *dispositif le moins efficace de toutes les politiques de l'emploi* » par Muriel Pénicaud, fin 2017. C'était avant le Covid-19 et le virage à 180 degrés du gouvernement, qui a annoncé en juillet 2020 la création de nouveaux contrats aidés ciblés sur les moins de 26 ans, dans le cadre du plan « 1 jeune, 1 solution ». Le but est d'aboutir à 10 000 bénéficiaires de contrats initiative emploi (CIE) jeunes pour le secteur marchand en 2020, puis à 50 000 en 2021, ainsi qu'à 20 000 parcours emploi compétences (PEC) jeunes en 2020, puis 80 000 en 2021 pour le secteur non marchand. Sauf que les PEC jeunes peinent à atteindre leur objectif. Selon le ministère de l'Economie, 46 074 entrées cumulées de jeunes en PEC ont été décomptées entre début décembre 2020 et fin décembre 2021, contre 74 747 entrées en CIE. •

Textes : Matthieu Jublin - Illustrations : Laurent Duvoux

IV. VOUS HABITEZ CHEZ VOS PARENTS ?

Quitter le nid parental, c'est souvent l'étape décisive, celle qui permet de s'envoler vers l'âge adulte. Un cap pas toujours simple à franchir, comme l'a popularisé le film *Tanguy*, qui met en scène un trentenaire vivant aux crochets de ses parents. A deux nuances près : contrairement à ce qui est décrit dans cette comédie, la cohabitation est plus souvent forcée que choisie. Et elle ne concerne pas au premier chef les fils de bonne famille, mais bien les rejetons de familles populaires, bloqués chez leurs vieux par le prix des loyers. Les jeunes ne sont définitivement pas tous logés à la même enseigne, et le marché immobilier n'est pas seul en cause. C'est flagrant quand on s'intéresse à ses conditions de vie : la jeunesse est plurielle.

ALORS, LES JEUNES, POURQUOI VOUS ÊTRE MIS AU POLYAMOUR ?
POUR LA LIBERTÉ D'AIMER PLUSIEURS PERSONNES EN MÊME TEMPS !
POUR L'ABSENCE DE CARCAN !
LE REFUS DES NORMES SOCIÉTALES !
LES LOYERS PARISIENS.

Les poches vides

TAUX DE PAUVRETÉ AU SEUIL DE 50 % DU NIVEAU DE VIE MÉDIAN*, SELON L'ÂGE, EN %

Source : Insee

* Le niveau de vie est le revenu disponible d'un ménage divisé par le nombre d'unités de consommation (UC), 1 UC étant attribuée au premier adulte de ce ménage, puis 0,5 UC aux autres personnes de 14 ans et plus, et 0,3 UC par enfant de moins de 14 ans. Le niveau de vie médian est la valeur du niveau de vie qui partage la population en deux parties égales : l'une vit en dessous, l'autre vit au-dessus.

Les moins de 30 ans sont plus touchés par la pauvreté que leurs aînés

La dèche peut toucher toutes les catégories d'âge, mais elle frappe beaucoup plus les jeunes. Les moins de 30 ans affichent, de loin, le taux de pauvreté le plus élevé en France. En 2019, selon l'Insee, 11,5 % des moins de 18 ans et 12,3 % des 18-29 ans avaient un niveau de vie inférieur à 50 % du revenu médian. Ce qui signifie que près d'un jeune adulte sur huit a un revenu disponible (l'ensemble des revenus moins les impôts) inférieur à 918 euros mensuels. Chez les 30-64 ans, cette proportion oscille entre 7 % et 8 %, et tombe à moins de 3,5 % chez les 65 ans et plus. La situation ne date pas d'hier : à la fin des années 1990, l'écart entre les taux de pauvreté des jeunes et des plus vieux était aussi élevé. Il a ensuite diminué jusqu'au début des années 2000, alors que le taux de pauvreté baissait dans toutes les classes d'âge, puis a augmenté alors que ce taux progressait à nouveau.

Matthieu Jublin

+ POUR EN SAVOIR PLUS

« Pauvreté selon l'âge et le seuil. Données annuelles de 1996 à 2019 », Insee, 5 octobre 2021, cutt.ly/9AR9g8T

Illustration : Muge Qi

Après la crise de 2008, l'écart de niveau de vie entre jeunes et moins jeunes a tardé à se réduire

Le niveau de vie des moins de 30 ans a toujours été inférieur au niveau de vie médian des Français, notamment du fait de la progression des salaires tout au long de la vie. Ce sont aussi les moins de 30 ans qui ont vu leur niveau de vie stagner le plus longtemps après le choc économique de 2008, contrairement aux plus de 65 ans qui ont vu le leur augmenter beaucoup plus que la moyenne. Selon l'Insee, il a fallu attendre 2019 pour que les jeunes dépassent leur niveau de vie d'avant-crise. Reste à savoir si la pandémie de Covid-19 n'a pas fait replonger celui-ci... En tout cas, même avec le fort rattrapage de 2018-2019, l'écart de niveau de vie entre jeunes et moins jeunes reste significatif : quand un Français affiche un niveau de vie de 100 euros en 2019, celui d'un jeune de 18-29 ans est inférieur à 95 euros. **Matthieu Jublin**

+ POUR EN SAVOIR PLUS

« Niveau de vie selon l'âge. Données annuelles de 1996 à 2019 », Insee, cutt.ly/7AWgRtl

NIVEAU DE VIE* ANNUEL MÉDIAN SELON L'ÂGE, EN EUROS CONSTANTS DE 2019

Source : Insee

* Le niveau de vie est le revenu disponible d'un ménage divisé par le nombre d'unités de consommation (1 UC attribuée au premier adulte de ce ménage, puis 0,5 UC aux autres personnes de 14 ans et plus, et 0,3 UC par enfant de moins de 14 ans). Il est le même pour tous les individus du ménage.

Une décennie de stagnation

Illustration : Marine Coutroutsios

Assignés à résidence

Plus de la moitié des jeunes qui travaillent vivent encore chez papa-maman

Passé un certain âge, la cohabitation avec ses parents peut être compliquée. Pourtant, la majorité des 18-24 ans réside encore chez papa et maman. Une proportion qui varie notamment selon les ressources de l'intéressé(e). Avoir un emploi permet en principe de quitter le logement familial, mais faute d'une rémunération suffisante, plus de la moitié des jeunes qui travaillent y vivent toujours... Et même à distance, on n'est pas forcément indépendant : le loyer d'un tiers des jeunes qui ont quitté le domicile parental, pour étudier ou pour travailler, est financé par les parents. Faute de moyens pour prendre le large, la cohabitation avec papa-maman peut s'éterniser puisque cinq ans après la fin des études, 28 % des jeunes vivent encore à leur domicile. Une situation bien plus fréquente (43 %) pour les 25 % les plus pauvres des jeunes en CDD que pour les 25 % les plus aisés des jeunes en CDI (12 %). Rester chez ses parents est une situation subie pour la plupart des jeunes. 7 % des 18-24 ans sont d'ailleurs revenus à la case départ après une première envolée hors du nid familial.

Justin Delépine

+ POUR EN SAVOIR PLUS

« Logement des jeunes : "Tanguy" malgré eux », par Sandrine Foulon, alternatives-economiques.fr, 5 décembre 2015, accessible sur cutt.ly/60I61bN

RÉPARTITION PAR SITUATION RÉSIDENTIELLE DES 18-24 ANS EN 2014 SELON LEUR STATUT D'ACTIVITÉ, EN %

Source : Drees, Insee

parentale

Illustration : Blandine Pannequin

Qui aide les jeunes ?

Les jeunes sont plus soutenus financièrement par leurs parents que par l'Etat

La crise sanitaire, avec ses files d'attente pour obtenir une aide alimentaire, a mis en lumière la précarité des jeunes. Qui leur permet de remplir leur portefeuille ? Selon la dernière enquête détaillée qui date de 2014, à 19 ans, âge auquel un peu plus d'un jeune sur deux est en études, 39 % des revenus proviennent des parents, 43 % du travail effectué auprès d'un ou plusieurs employeurs et seulement 18 % de l'Etat, via des aides. Avec l'âge, *« les aides parentales prennent progressivement moins d'importance, tandis que le travail apporte des montants plus élevés »*, observe la Drees, rattachée au ministère des Solidarités et de la Santé. Côté aides publiques, les aides au logement remplacent peu à peu les bourses d'études, illustrant la lente autonomisation résidentielle des jeunes. Dans le modèle familialiste choisi par la France, qui fait transiter une part importante des aides à la jeunesse par les familles, les jeunes sont encore considérés après 18 ans comme des mineurs sociaux. Leur citoyenneté sociale (donc économique) n'est acquise que tardivement par rapport aux pays d'Europe du Nord. **Aude Martin**

+ POUR EN SAVOIR PLUS

« Devenir adulte : comment évoluent les ressources ? », par Mickaël Portela et Emilie Raynaud, *Les dossiers de la Drees* n° 48, janvier 2020, à consulter sur cutt.ly/ZPLIM3Q

PROVENANCE DES RESSOURCES DES JEUNES FRANÇAIS DE 19 ANS, FIN 2014, EN %

Source : Drees-Insee, enquête nationale sur les ressources des jeunes 2014 (ENRJ)

Illustration : Erica Urzua

Des omnivores culturels

Les jeunes sont plus créatifs que la moyenne

Enfermés, seuls et scotchés à leur écran ? On voit souvent les jeunes comme des consommateurs passifs de l'offre numérique. C'est faux. Les 18 à 30 ans sont des « omnivores » culturels : ils combinent les différentes activités culturelles et constituent la classe d'âge la plus créative. Certes, 81 % regardent des films ou des séries en streaming. Mais 83 % sont aussi allés au cinéma au moins une fois au cours des douze derniers mois, 78 % ont lu un livre, 60 % ont réalisé des photos ou des vidéos, 48 % ont pratiqué le chant ou la danse…

Les pratiques culturelles ne sont pas les mêmes selon l'origine sociale cependant : 31 % des plus diplômés ont effectué quatre à cinq types de sorties culturelles, contre 21 % des moins diplômés. Et 15 % des peu diplômés n'ont investi aucun type de sortie culturelle (contre seulement 4 % des diplômés du bac ou plus). Parmi les raisons invoquées, 50 % citent le coût, 25 % les contraintes de déplacement et 23 % le manque d'intérêt, ce qui indique que les comportements d'autocensure restent forts.

Naïri Nahapétian

+ POUR EN SAVOIR PLUS

« De spectateurs à créateurs : multiplicité des pratiques culturelles et artistiques des jeunes », Injep, *Analyses et synthèses* n° 30, décembre 2019, cutt.ly/30RdcRc

A écrit un texte, un poème, une chanson…

PROPORTION DES PERSONNES AYANT PRATIQUÉ AU MOINS UNE FOIS AU COURS DES DOUZE DERNIERS MOIS LES ACTIVITÉS SUIVANTES, EN %

Source : Injep-Crédoc, 2019

A fait de la peinture, du dessin, de la sculpture

Illustration : Marion Sellenet

Drogués, alcoolisés,

CONSOMMATION D'ALCOOL À 17 ANS EN FRANCE MÉTROPOLITAINE EN 2017, EN % DE LA POPULATION DE CET ÂGE

Source : Observatoire français des drogues et des tendances addictives

La consommation régulière d'alcool diminue chez les jeunes

Accros, les ados ? Pas vraiment. Côté tabac, la consommation régulière chez les jeunes de 17 ans diminue depuis le début des années 2000, date à laquelle 41 % de la classe d'âge fumaient quotidiennement. Ils ne sont plus que 25 % en 2017, soit une diminution de 7 points par rapport à l'enquête précédente, réalisée en 2014. Si les jeunes de 17 ans sont très nombreux à boire de l'alcool occasionnellement (66,5 % au moins une fois par mois) ou à avoir expérimenté le cannabis (39,1 %), la consommation régulière reflue, dans une plus faible mesure que pour le tabac toutefois. Les jeunes de 17 ans sont ainsi moins nombreux qu'en 2014 à consommer au moins dix fois par mois de l'alcool (8,4 %, contre 12,3 %) ou du cannabis (7,2 %, contre 9,2 %). Entre 2000 et 2014, le risque d'alcoolisation excessive (boire au moins cinq verres à une occasion) a également diminué chez les jeunes hommes, qui sont les plus concernés, mais a augmenté chez les jeunes femmes.

Aude Martin

+ POUR EN SAVOIR PLUS

« Les chiffres clés de la jeunesse », Institut national de la jeunesse et de l'éducation populaire, 2021, accessible sur cutt.ly/sl6kkh6

Illustration : Malijo

Lâche ton smartphone

Les 15-34 ans passent deux fois plus de temps chaque jour sur Internet que devant une chaîne de télévision

Plutôt Mister V ou plutôt Nagui ? Si vous n'en connaissez qu'un, cela donne un début d'indication sur votre âge. Car, en moyenne, les 15-34 ans passent près de deux fois plus de temps chaque jour sur Internet (3 h 14), où se produit exclusivement l'humoriste vidéaste, que devant l'une des chaînes de la télévision (1 h 43), où sévit le souriant animateur. Et la proportion est inverse pour les 50 ans et plus. Surtout, pour consulter Internet, les jeunes utilisent leur téléphone à 82 % du temps, alors que les 35-49 ans ne s'en servent qu'à 57 % et les 50 ans et plus

TEMPS PASSÉ EN MOYENNE QUOTIDIENNEMENT DEVANT INTERNET ET LA TÉLÉVISION, SELON L'ÂGE, EN 2019

Source : Médiamétrie

ou éteins la télé ?

à 45 %. Doit-on en déduire qu'au fil des générations, YouTube va remplacer TF1 ? Pas tout à fait, car la frontière est de plus en plus poreuse entre les différents formats. Service de vidéo à la demande, Netflix n'est évidemment pas réservé à la jeune génération et, à l'inverse, l'on peut très bien regarder Michel Drucker sur son smartphone. Les chaînes de télé lancent d'ailleurs leurs propres plates-formes, tandis que Netflix ou Amazon Prime investissent dans des contenus en direct, que ce soit des émissions de divertissement ou du sport. **Justin Delépine**

+ POUR EN SAVOIR PLUS

« L'année Internet 2019. Entre surconsommation et tri sélectif », Médiamétrie, bit.ly/3Imf9Wa

« Médiamat 2019 », Médiamétrie, bit.ly/3qQtCDT

Illustration : Guilherme Henrique

QUI SONT LES JEUNES DES QUARTIERS POPULAIRES ?

Les jeunes sont surreprésentés dans les quartiers populaires. Parmi les 5,4 millions de résidents de ces 1 300 quartiers estampillés politique de la ville (QPV), 40 % ont moins de 25 ans, alors que cette classe d'âge ne représente que 29 % de la population française. Et ils cumulent les difficultés. D'une part, 27 % des 12-29 ans qui habitent des QPV ne sont ni en emploi, ni en études ou formation, contre 11 % en moyenne dans les autres quartiers. Le chômage y est aussi plus important, puisqu'en 2018, il affectait 15,5 % des jeunes, contre 8,2 % ailleurs. Les trois quarts des habitants de ces QPV vivent en HLM et ces logements sont davantage surpeuplés et vétustes que ceux des autres quartiers. Si les dispositifs des politiques de la ville, pris dans leur ensemble, participent à réduire cette pauvreté, ils restent très lacunaires. •

PAPA ET MAMAN PLUS FORTS QUE LA CAF

Les 30 ou 40 euros d'argent de poche mensuel ne suffisent généralement plus aux jeunes arrivés à l'âge adulte. Ils ont donc massivement recours aux petits boulots, aux emplois plus durables ou aux aides de la Caisse d'allocations familiales (CAF), mais le virement bancaire parental n'est pas délaissé, loin de là. 70 % des 18-24 ans reçoivent une aide financière de leurs parents, qui s'élève en moyenne à 250 euros. Ceux qui perçoivent le plus (330 euros en moyenne) sont les étudiants, puisque 90 % sont ainsi aidés. La proportion est moindre pour ceux qui sont en emploi, mais reste conséquente : 42 % d'entre eux en bénéficient, avec un montant moyen de 110 euros. Les inégalités sociales sont ici criantes : 61 % des enfants d'ouvriers, qu'ils soient étudiants ou en emploi, sont aidés financièrement, avec un virement de 160 euros, contre 88 % des rejetons de cadres avec un chèque mensuel de 400 euros. Derrière ces aides financières directes, s'en cachent d'autres : la moitié des jeunes est affiliée à la complémentaire santé des parents et un sur cinq assure sa voiture sur leur contrat d'assurance. •

CHER PERMIS DE CONDUIRE

Pour beaucoup, c'est le sésame vers l'autonomie. A 24 ans, environ huit Français sur dix ont obtenu le permis de conduire, mais derrière cette moyenne se cachent de larges disparités. Ainsi, 77 % des ruraux de 18-24 ans l'ont obtenu, contre seulement un Parisien sur deux de la même tranche d'âge. Mais la différence est surtout sociale, puisque parmi les 20 % des jeunes les plus riches, les trois quarts détiennent le permis, ce qui est le cas de la moitié seulement des 20 % les plus pauvres. Et l'aide parentale joue un rôle déterminant : elle s'élève en moyenne à 1 400 euros, mais la moitié des jeunes des familles modestes n'en bénéficie pas. *A contrario*, parmi les familles aisées, seulement un quart des jeunes financent leur permis eux-mêmes. Une inégalité devant ce sésame qui peut coûter cher : un tiers des jeunes, toutes catégories de revenus confondues, déclarent avoir renoncé à un emploi faute de moyen de s'y rendre en voiture. •

AVOIR 20 ANS EN 2020

Si 20 ans est vraiment le plus bel âge de la vie, 2020 n'était certainement pas la meilleure année. Pendant la crise déclenchée par la pandémie de Covid-19 et l'ensemble des restrictions qui s'est ensuivi, les jeunes ont été parmi les catégories de la population qui ont le plus souffert. 10 % des 18-24 ans ont perdu leur emploi avec la crise, que ce soit des fins de CDD, des intérims non renouvelés, voire parfois des licenciements. Les jeunes de catégories populaires ont été deux fois plus touchés par ces pertes d'emplois que ceux des ménages aisés. Et cela ne comprend pas l'ensemble des petits boulots souvent non déclarés qu'exercent nombre d'étudiants : du baby-sitting au soutien scolaire, en passant par les livraisons. Evidemment, le confinement a été plus difficile à vivre pour les pauvres que pour les riches. 41 % des jeunes se situant parmi les 20 % les plus pauvres ont vu leur situation financière se dégrader en 2020, contre seulement un sur cinq parmi les 20 % les plus riches. •

« DIGITAL NATIVE », VRAIMENT ?

Savoir faire défiler des vidéos sur TikTok ne signifie pas que l'on est vraiment à l'aise avec le numérique. Ceux qu'on nomme les *« digital natives »* sont les personnes nées à partir des années 1990 et pour lesquelles le numérique serait quasi inné puisqu'elles l'ont manié depuis leur plus tendre enfance. De fait, les jeunes sont en moyenne plus équipés et utilisent davantage Internet que les générations plus âgées, mais cela ne signifie pas qu'ils sont épargnés par l'illectronisme. Si l'on peut enchaîner aisément les vidéos YouTube, on peut également peiner à renseigner l'ensemble des documents sur le site de la CAF. Ainsi, 7 % des moins de 35 ans déclarent ne pas être à l'aise avec une navigation difficile en ligne. Et par ignorance des manipulations nécessaires ou par manque d'accès, 30 % de cette génération indiquent aussi avoir déjà renoncé à une activité, que ce soit une démarche administrative ou une simple sortie, parce qu'il fallait utiliser Internet, soit quasiment autant que l'ensemble de la population (32 %). •

OUI, LES JEUNES LISENT ENCORE !

La lecture a certes tendance à reculer parmi les jeunes, mais elle reste malgré tout importante. En 2020, les 15-24 ans ont lu en moyenne six livres dans l'année, deux dans le cadre scolaire et quatre pour le plaisir. 68 % lisent au moins une fois par semaine et 28 % quotidiennement. Et près de la moitié des jeunes parcourt ces lignes autant pour le plaisir que pour les études. Les livres les plus lus sont d'abord les ouvrages pratiques (cuisine, voyage ou décoration), puis les romans de science-fiction, les livres d'histoire, la littérature classique et les dictionnaires. Trois jeunes sur cinq fréquentent d'ailleurs une bibliothèque municipale, soit bien davantage que l'ensemble de la population adulte. Le temps consacré à lire diminue cependant, avec en moyenne trois heures par semaine pour les 15-24 ans, contre plus du double devant la télé et encore davantage pour Internet. •

Textes : Justin Delépine - Illustrations : Laurent Duvoux

V. ENGAGEZ-VOUS, QU'ILS DISAIENT !

On dit d'eux tout et son contraire. Ils sont réputés rebelles, indomptables, utopistes, rêveurs. Mais on les dit aussi blasés par la politique, sceptiques sur la démocratie, abstentionnistes patentés. On les propulse hérauts de l'écologie, avant-garde du néoféminisme, défenseurs des minorités opprimées. Mais on critique aussi leur individualisme forcené, leurs engagements girouettes et leurs addictions aux écrans. De cette longue galerie de clichés, il n'y a pas grand-chose à garder. Car en matière de politique, d'implication dans la vie de la cité, l'âge n'est pas vraiment un critère discriminant. C'est moins le fait d'être jeune ou vieux qui fait la différence que le niveau de diplôme ou la position sociale.

JE VOUS AIME, LES JEUNES !
VOUS ÊTES NOTRE AVENIR !
C'EST POUR ÇA QU'IL FAUT PROTÉGER LA PLANÈTE !
JE PENSAIS PLUTÔT AU FINANCEMENT DE MA RETRAITE.

L'intermittence plutôt que l'abstention

PARTICIPATION ÉLECTORALE DES 18-24 ANS AUX DERNIÈRES ÉLECTIONS NATIONALES (LÉGISLATIVES ET PRÉSIDENTIELLES), EN %

Source : Insee

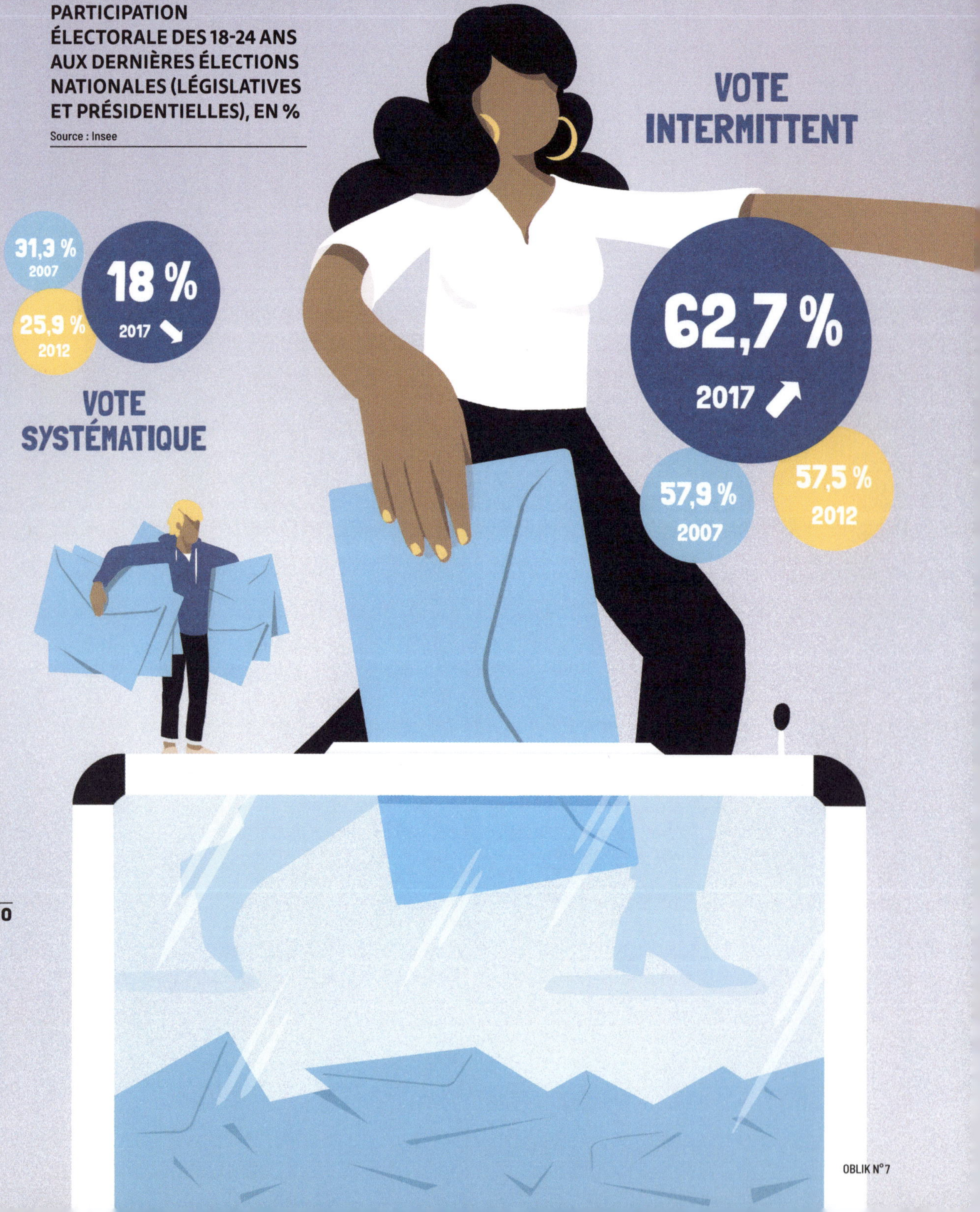

Comme leurs aînés, les jeunes votent de moins en moins à tous les scrutins

C'est un des poncifs du discours des aînés : les jeunes ne votent plus, ils boudent les urnes... La réalité est moins clivée. Au fil du temps, le comportement qui se renforce, dans l'ensemble des générations en France, et pas seulement chez les plus jeunes, ce n'est pas tant l'abstention systématique que le vote intermittent : on ne remplit plus son devoir électoral à chaque fois, on vote à certains scrutins, mais pas à d'autres. Y compris lorsque ceux-ci ont lieu à intervalles rapprochés.

Ainsi, en 2017, la moitié des électeurs, tous âges confondus, ne s'est pas rendue à au moins l'une des quatre votations du printemps (deux tours de la présidentielle, deux tours des législatives), contre 36 % qui ont glissé un bulletin à tous les scrutins. La fréquentation irrégulière des isoloirs est particulièrement prononcée chez les jeunes, il est vrai, puisqu'en 2017, le vote intermittent concernait 62,7 % des 18-24 ans. Comme leurs aînés, les jeunes électeurs privilégient le scrutin présidentiel et les municipales, mais délaissent les autres échéances.

Justin Delépine

+ POUR EN SAVOIR PLUS

« Elections présidentielles et législatives de 2002 à 2017 : une participation atypique en 2017 », *Insee Première* n° 1671, octobre 2017, accessible sur cutt.ly/QI3PV1M

Illustration : Jérémie Luciani

Vox populi

RÉPONSES, EN JUIN 2021, DES EUROPÉENS DE 16 À 30 ANS À LA QUESTION « QUELS SONT SELON VOUS LES MOYENS LES PLUS EFFICACES POUR SE FAIRE ENTENDRE DES DÉCIDEURS POLITIQUES (TROIS CHOIX POSSIBLES) ? », EN %

Source : enquête réalisée par Ipsos pour le Parlement européen, juin 2021

41 %

VOTER

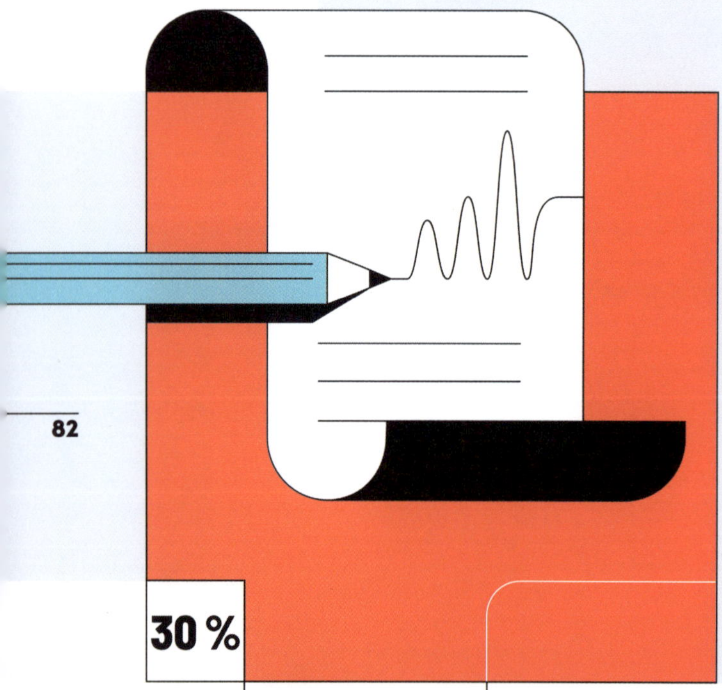

30 %

SIGNER UNE PÉTITION

19 %

CONTACTER UN RESPONSABLE POLITIQUE

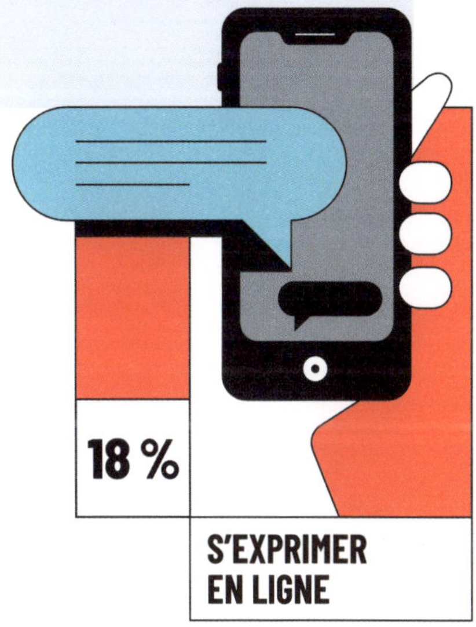

Pour se faire entendre d'en haut, mieux vaut voter que défiler

Même s'ils font régulièrement la sourde oreille, la meilleure manière de se faire entendre des gouvernants dans une démocratie reste le bulletin de vote. C'est la conviction des Européens de 16 à 30 ans, qui placent les urnes en tête des moyens les plus efficaces à cet effet avec un score de 41 %, devant les manifestations (33 %), les pétitions (30 %) et, loin derrière, les contacts directs avec un responsable politique (19 %).

D'un pays à l'autre, l'intensité de cette confiance des jeunes dans la votation est inégale cependant. Dans certaines démocraties établies de longue date, le score des urnes auprès des jeunes est inférieur à la moyenne européenne, comme en France (36 %) ou en Belgique (33 %). Il est en revanche très supérieur à celle-ci dans des pays européens qui ne s'expriment librement par le vote que depuis quelques décennies, après avoir vécu sous des dictatures de droite, tel le Portugal (62 %), ou des régimes communistes sous domination soviétique, à l'instar de l'Estonie (51 %) ou de la Roumanie (49 %).

Yann Mens

+ POUR EN SAVOIR PLUS
« Youth Survey 2021 », Parlement européen, cutt.ly/UPFHWCG

Illustration : Guilherme Henrique

Le cœur qui penche

RÉPARTITION DES VOTES AU SECOND TOUR DE L'ÉLECTION PRÉSIDENTIELLE EN FONCTION DE L'ÂGE, EN %

Source : Ipsos

Les jeunes en France votent majoritairement à gauche

Dis-moi quel âge tu as, je te dirai pour qui tu votes. En France, l'adage se vérifie de manière assez triviale : à la jeunesse le mouvement et le vote de gauche, à la vieillesse l'ordre et le vote de droite. Depuis l'élection de François Mitterrand, au second tour de l'élection présidentielle en 1981, les 18-24 ans ont voté au moins à 60 % pour le candidat de gauche, et les plus de 65 ans dans une même proportion pour le candidat de droite. Seules exceptions à la règle, les élections de 2002 et de 2017, où le Front national (FN) s'est immiscé au second tour. En 2017, le soutien des 18-24 ans à Marine Le Pen (34 %) était même supérieur, en proportion, à celui de leurs aînés de plus de 65 ans (20 %). De quoi faire des jeunes une force de l'électorat d'extrême droite ? Pas vraiment. Car lors du premier tour de cette même élection, la candidate FN fut, avec 21 %, nettement devancée par Jean-Luc Mélenchon, obtenant 30 % chez les 18-24 ans, tandis que Benoît Hamon récoltait 10 % de leurs voix, Emmanuel Macron 18 % et François Fillon 9 %.

Antoine Cariou

+ POUR EN SAVOIR PLUS

Politiquement jeune, par Anne Muxel, L'Aube, 2018.

Illustration : Mathilde Aubier

Génération inégalement écolo

PART DES 18-30 ANS ESTIMANT POUVOIR PERSONNELLEMENT JOUER UN RÔLE DANS LA PROTECTION DE L'ENVIRONNEMENT, EN %

Source : Injep-Crédoc, baromètre DJEPVA sur la jeunesse 2020

L'intérêt pour la cause environnementale dépend du niveau de diplôme, des revenus…

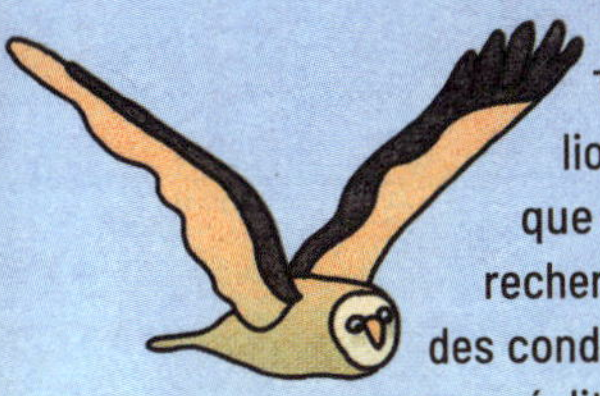

La jeunesse se sent-elle plus concernée par l'écologie que ses aînés ? Les grèves pour le climat lancées par Greta Thunberg et suivies par des millions de jeunes semblent indiquer que oui. Les chiffres du Centre de recherche pour l'étude et l'observation des conditions de vie (Crédoc) montrent une réalité plus nuancée. Si les 18-30 ans se préoccupent de plus en plus d'environnement depuis les années 1990, cet intérêt dépend largement d'autres facteurs que l'âge : niveau de diplôme, satisfaction sur leur situation personnelle, revenus, genre… Bref, il ne suffit pas d'être jeune pour être écolo. La préoccupation pour l'écologie des plus de 30 ans a d'ailleurs progressé au même rythme que celle des 18-30 ans ces trois dernières décennies, tout en restant inférieure de 5 à 10 points. Bref, les plus âgés partent de plus loin sur la question écologique, mais avancent presque au même rythme, et en particulier les moins de 60 ans.

Matthieu Jublin

+ POUR EN SAVOIR PLUS

« Agir pour l'environnement : comportements et aspirations des 18-30 ans », Injep, décembre 2020, cutt.ly/fAmA013

Illustration : Jeanne Macaigne

Vous avez dit « woke » ?

PART DES EUROPÉENS ESTIMANT EN 2018 QUE DE NOUVELLES POLITIQUES SONT NÉCESSAIRES POUR PROTÉGER LES MINORITÉS DES DISCRIMINATIONS, SELON LA TRANCHE D'ÂGE, EN %

Source : Baromètre des valeurs politiques de l'UE en 2018

18-24 ans

71 %

Les 15-24 ans voient l'immigration d'un œil plus positif que leurs aînés

+ POUR EN SAVOIR PLUS
Les citoyens qui viennent. Comment le renouvellement générationnel transforme la politique en France, par Vincent Tiberj, PUF, 2017.

C'est un comble pour les jeunes… A en croire leurs détracteurs, ils sont incapables de se lever le matin, mais seraient pourtant les plus *« éveillés »*. Les plus *« woke »*, selon le mot anglais aujourd'hui utilisé pour qualifier le refus des discriminations. Importé des luttes raciales aux Etats-Unis, ce terme est devenu la nouvelle bête noire de Jean-Michel Blanquer, Eric Zemmour et consorts. Au-delà des polémiques de plateaux télé, il est vrai que les jeunes sont plus ouverts sur ces questions que leurs aînés, selon le baromètre de l'Union européenne sur les valeurs. Les 15-24 ans voient l'immigration d'un œil plus positif que les générations plus âgées et ils sont davantage sensibles à la lutte contre les discriminations. Mais cela ne veut pas dire qu'une personne qui a 80 ans aujourd'hui est plus conservatrice que quand elle en avait 30, relève le sociologue Vincent Tiberj. Selon lui, le cycle de vie n'a qu'une incidence marginale sur les valeurs, à la différence du renouvellement générationnel. Dit autrement, les jeunes d'aujourd'hui ne sont pas forcément les vieux cons de demain.

Antoine Cariou

55 ans et +

57 %

Illustration : Benoît Hamet

PART DES 18-29 ANS ET DE L'ENSEMBLE DES FRANÇAIS ADHÉRENTS ET BÉNÉVOLES DANS UNE ASSOCIATION EN 2018, EN %

Source : enquête Valeurs (Injep)

Association

Un jeune sur cinq participe à des activités bénévoles

Une génération d'individualistes repliés sur leur petit univers ? Ni plus ni moins que les précédentes. Certes, entre 1999 et 2018, la proportion de jeunes qui adhèrent à une association a très légèrement baissé (passant de 37 % à 36 %) alors que cette part augmentait dans l'ensemble de la population (de 38 % à 40 %). Mais pour l'engagement actif à travers le bénévolat, les 18-29 ans suivent la tendance générale : celle d'une relative décrue. Un jeune sur cinq donne de son temps, proportion qui monte à un tiers pour les plus de 65 ans, de loin les plus actifs grâce au temps libre dont ils disposent à la retraite. Les associations auxquelles les jeunes adhèrent sont le plus souvent sportives, puis viennent les structures culturelles, et ensuite les associations humanitaires et caritatives. Même dans l'engagement, les inégalités se manifestent. Ainsi, 46 % des jeunes dotés d'un diplôme supérieur au bac participent aux activités d'une association, contre 29 % pour les autres. En revanche, les postes élevés demeurent trustés par les aînés. Seulement 7 % des présidents d'association ont moins de 36 ans et 41 % ont plus de 65 ans. ‹

Justin Delépine

+ POUR EN SAVOIR PLUS
« La participation associative des jeunes », Injep, 2021, bit.ly/348JGrl

de bienfaiteurs

Illustration : Fred Péault

Pas plus féministes

PART D'UNE TRANCHE D'ÂGE EN 2020 SE DÉCLARANT FÉMINISTE, EN %

Source : Focus 2030, cutt.ly/SIY7j9j

Il n'y a pas de spécificité de la jeunesse en matière de valeurs d'égalité entre femmes et hommes

Déterminés à en finir avec le patriarcat, les jeunes ? Il serait tentant de le croire. Tentant, mais erroné. En moyenne, les jeunes ne sont pas plus sensibles aux valeurs d'égalité entre femmes et hommes que la génération qui les précède. Ainsi, 43 % des 18-24 ans se déclarent féministes, selon un sondage YouGov pour ONU Femmes. « *A peine plus que la moyenne tous âges confondus* », qui est à 40 %, relève l'institution. Il y a toutefois une différence entre les femmes et les hommes. Les premières, notamment les jeunes, sont bien plus conscientes des inégalités, et elles se disent plus féministes (48 %, contre 34 % des hommes). Les enquêtes européennes confirment le résultat général, qui vaut pour le libéralisme culturel et pour l'environnement : il n'y a pas de spécificité absolue de la jeunesse en matière de valeurs, mais une relative homogénéité avec la classe d'âge qui la précède. Le décrochage vient des plus âgés, nettement plus crispés. **Céline Mouzon**

+ POUR EN SAVOIR PLUS

« Les générations au prisme des valeurs », par Olivier Galland, *Futuribles* n° 441, 2021, cutt.ly/4IAMPYa

Illustration : Pauline Stive

DES JEUNES MAIRES PAS SI JEUNES

Seulement 3,8 % des maires élus lors des élections municipales de 2014 (sur lesquelles nous disposons d'un recul suffisant pour avoir des études) avaient moins de 40 ans, âge jusqu'auquel on peut être considéré comme « jeune » en politique. Ils étaient 12,2 % en 1983. L'Institut national de la jeunesse et de l'éducation populaire (Injep) nous éclaire sur le profil de ces jeunes qui osent encore franchir le cap. Quels ont été les événements déclencheurs de leur engagement ? L'environnement familial joue un rôle crucial : 34 % des 518 jeunes maires nouvellement élus en 2014 ont un parent en cours de mandat municipal. Les autres parents étaient pour la plupart engagés dans les associations de leur commune. Concernant les élus eux-mêmes, leur engagement lors de leur scolarité puis dans des associations, souvent avec des responsabilités, les a prédisposés à la fonction, de sorte que pour un certain nombre de jeunes maires, *« on peut dire en somme que ce sont des jeunes déjà vieux dans l'engagement »*, résume l'Injep. •

LE SPORT, ÇA MOTIVE

Le sport est, de loin, le domaine d'engagement le plus prisé par les jeunes. En 2020, 37 % des jeunes de 18 à 30 ans déclarent donner de leur temps au sein d'une association ou autre organisation active dans le domaine sportif, contre 19 % pour la culture ou les loisirs et 17 % pour la jeunesse ou l'éducation. La répartition au sein de ces différents domaines est relativement stable depuis quelques années. Deux secteurs connaissent toutefois un regain d'intérêt récent : l'environnement (14 % des jeunes déclarent être actifs dans une organisation environnementale, contre 11 % en 2017) et l'insertion, l'emploi ou la formation (7 %, contre 4 % en 2017). Si l'âge influence peu le domaine d'engagement, les femmes sont plus représentées dans le social, la jeunesse ou l'éducation, alors que les hommes vont davantage vers le sport. Les jeunes les plus précaires sont, eux, plus nombreux à s'engager dans la lutte contre les discriminations. •

UNE RELATION CONTRARIÉE AVEC L'EUROPE

Quel regard les jeunes Français portent-ils sur l'Europe ? *« Pour cette génération Erasmus, qui n'a jamais ou si peu connu les frontières entre pays européens, la construction européenne irait de soi »*, note le sociologue Camille Peugny. Les moins de 30 ans sont beaucoup plus nombreux que les autres classes d'âge à vouloir poursuivre l'élargissement de l'Union, bien que ce souhait reste minoritaire même chez eux (un tiers des répondants), selon la dernière Enquête sociale européenne. Les jeunes sont également plus confiants dans les institutions européennes, mais en même temps paradoxalement moins attachés que leurs aînés à l'Europe. *« Ces résultats rejoignent ceux obtenus dans d'autres travaux, qui évoquent une relation contrariée des jeunes Français à l'Europe »*, conclut le sociologue. *« Bruxelles je t'aime, Bruxelles je t'aime »*, chante Angèle dans un de ses derniers titres en hommage à sa ville natale. L'amour des jeunes Français pour la capitale de la construction européenne est a priori plus timide. •

OK, BOOMER !

La question environnementale serait-elle en train de tourner au conflit de générations, comme le laisse penser le succès de l'expression *« Ok, boomer ! »* ? Ces deux mots popularisés sur les réseaux sociaux sont devenus, suite à leur utilisation fin 2019 par une jeune députée néo-zélandaise face à un collègue plus âgé, l'étendard d'une jeunesse qui reproche aux générations précédentes (aux *baby-boomers* en particulier) d'avoir trop longtemps fermé les yeux face à la menace du réchauffement climatique. Mais l'opposition entre les jeunes et lesdits *« boomers »*, renforcée par la rhétorique de Greta Thunberg qui insiste sur la différence entre « eux » (dit rapidement, les vieux) et « nous » (les jeunes) pour faire naître une véritable « génération climat », est un peu réductrice. C'est en effet oublier que des combats écologiques ont été gagnés depuis les années 1980, comme celui de la couche d'ozone. Et surtout que le principal ennemi, c'est l'inaction politique qui, elle, n'a pas d'âge. •

ON NE DEVIENT PAS PLUS RACISTE AVEC L'ÂGE

Une idée revient souvent dans les discussions et les débats politiques : plus on est jeune plus on est tolérant, et plus on vieillit plus on devient raciste. En fait, pas vraiment. Pour comprendre l'évolution des préjugés, mieux vaut prendre en compte la génération à laquelle appartient une personne plutôt que son âge en tant que tel, explique la Commission nationale consultative des droits de l'homme (CNCDH), *« et sans doute avec elle les transformations essentielles des sociétés dans lesquelles les citoyens grandissent et s'installent »*. L'institution a régulièrement mesuré, depuis vingt ans, le degré d'accord ou de désaccord de plusieurs générations avec cette assertion : *« En France, on ne se sent plus chez soi comme avant. »* Résultat, plus une cohorte est ancienne, plus elle compte de personnes intolérantes. Seulement 38 % des personnes interrogées nées avant 1940 rejettent cette affirmation, contre 60 % des personnes nées après 1981. *« Le renouvellement générationnel agit en faveur du recul des préjugés »*, conclut la CNCDH. •

S'ENGAGER : UN BON POINT POUR LE CV ?

S*'engager, est-ce complémentaire ou concurrent avec les études ? »*, s'est demandé l'Institut national de la jeunesse et de l'éducation populaire (Injep). Les chercheurs ont fait émerger quatre profils, dont celui des étudiants dits « calculateurs », pour lesquels l'engagement est vu comme une manière de servir son ambition professionnelle et d'ajouter une ligne valorisable pour les employeurs sur leur CV. *« Les inscrits dans les établissements sélectifs en sciences de gestion revendiquent plus facilement la dimension utilitariste de l'engagement »*, précisent les auteurs de l'enquête, que par exemple les étudiants en IUT ou dans les filières universitaires plus classiques. *« L'influence du type d'établissement paraît déterminante dans la conception de l'engagement »*, en concluent-ils. Les autres profils distinguent les étudiants centrés sur leurs études, ceux qui sont en difficulté et donc dans l'incapacité de se projeter ou d'imaginer leur avenir professionnel et, enfin, ceux que les auteurs qualifient *« d'élite multi-engagée »*, qui multiplient les expériences tous azimuts. •

Textes : Aude Martin - Illustrations : Laurent Duvoux

Partout, au boulot,
au chômage, au pas de notre
porte, en traversant la rue.
Dans les palais aussi, derrière
les volets fermés ou paradant
sur les pavés,
sous les tapis…
Dans tous les coins
et

les recoins
de
nos vies.

Sournoise,

bruyante,

souvent
muette,

cette République,
comme elle va…

Cette carte blanche, nous l'avons imaginée comme une création commune, une variation libre sans chronologie, entre un graphiste au pinceau cru, **Alex Jordan,** et un photographe poète engagé, **André Lejarre**.
Ces deux artistes qui n'en sont pas à leur premier projet commun (Grapus, Le bar Floréal-photographie) ont suggéré d'y associer **Valérie Debure** et **Patrick Hepner,** qui – comme Alex Jordan – font partie de l'atelier de conception graphique **Nous Travaillons Ensemble**.

La République *en marge(s)*

On est en 2000. **Vitry-sur-Seine.**
Centre de production thermique,
en clair : centrale électrique à charbon.
Le charbon vient de Colombie,
quelques euros la tonne.
Les employés lutteront en vain
pour le maintien de l'usine.
Les êtres humains ont la fâcheuse habitude
d'avoir besoin de travailler *pour vivre.*

Marge *bénéficiaire*

Lorraine, Longwy. 2008.
Le monde a changé. L'acier n'est plus produit ici.
Mittal a tout racheté à un prix sans concurrence
et réorganisé sa production au mieux de ***ses intérêts.***
Les êtres humains ont la mauvaise habitude d'oublier
très vite et de ne jamais rien oublier.
A Herserange, juste à côté, l'usine Usinor a été rasée.
Un golf a pris la place.

Métro parisien. 1996.
Passagers du monde. Les êtres humains ont la curieuse habitude d'aller et venir, et de rêver. De Sèvres à Babylone, de Pyramides à Crimée, de Rome à Wagram, de Solférino à Iéna (de victoire en victoire). Ils n'atteindront jamais la station Seychelles ou la station Gstaad. Ils s'arrêteront porte de Bagnolet ou se contenteront de la *rue des Boulets.*

Marge *de tolérance*

Retour à l'usine EDF de Vitry.
On entretient, on répare, on peaufine.
Les êtres humains ont l'étrange habitude
d'aimer le travail ***bien fait.***

Marge *nette*

Marge *brute*

Métro parisien. 1996.
Et ça continue ***encore et encore.***
C'est que le début, d'accord, d'accord.
Aller, venir, toujours, toujours.
La difficulté de ***rester à sa place***.
On se brasse, on s'embrase. Les êtres
humains ont la folle habitude
d'endormir leurs douleurs et,
dans la violence du monde, de baisser
la tête pour avoir l'air d'un coureur.

Marge
de manœuvre

Paris, quai des Tuileries. Hiver 2019.
Manifestation de la fonction publique. Enseignants, avocats… contre la réforme du système de retraite, accompagnés de quelques-un-e-s revêtu-e-s d'un inélégant gilet de sécurité de couleur jaune fluo. Les êtres humains ont la stupide habitude de n'être que rarement contents de leur sort et quelquefois de *regarder la lune* et non la main qui la montre.

Marge
ou rêve

Belleville, à Paris. 2012.
Le monde entier s'y retrouve.
Les êtres humains ont la drôle d'habitude d'aller où il semble plus facile de vivre et d'être heureux.
Quelle drôle d'idée que celle d'avoir ***envie de bonheur !***
Vivre ensemble devrait être simple comme bonjour.

L'affaire LEMOINE

Texte : Christian CHAVAGNEUX
Dessin : Nathalie FERLUT

Les grandes arnaques sont le reflet parfait du fonctionnement des économies de leur époque. Celle que vous allez découvrir se passe en France au début du XXe siècle. Une période durant laquelle le progrès technique est au zénith (on croit que la science peut tout faire), et qui voit le développement des premières grandes multinationales. Le mélange des deux va donner une fabuleuse escroquerie ! *

* Cette histoire s'appuie sur un chapitre du livre *Les plus belles histoires de l'escroquerie. Du collier de la reine à l'affaire Madoff*, par Christian Chavagneux, Le Seuil, 2020. *Oblik* remercie Le Seuil de l'avoir autorisé à utiliser le contenu de cet ouvrage.

LIÈGE, 1901.
J'AI BIEN AFFAIRE AU COMTE HENRI DE SAINT GERMAIN ?
CERTAINEMENT. À QUI AI-JE L'HONNEUR ?
GRAND HÔTEL LIÈGE
HENRI DE SAINT GERMAIN ALIAS MONSIEUR D'AUERBERG,
ALIAS HENRI LEMOINE,
VOUS ÊTES EN ÉTAT D'ARRESTATION POUR USAGE DE FAUX NOMS !
SAPRISTI !
VOUS ÊTES CONDAMNÉ À 40 JOURS DE PRISON. RECHERCHÉ PAR LA JUSTICE FRANÇAISE, VOUS SEREZ ENSUITE EXTRADÉ À PARIS.
COUR D'ASSISES DE LA SEINE, 1902.
HENRI LÉON GUIDO LEMOINE, POUR VOTRE ESCROQUERIE AU DÉTRIMENT DE L'ENTREPRISE DE PUBLICITÉ DUFAYEL...
... VOUS ÊTES CONDAMNÉ À 4 ANS DE PRISON.
C'ÉTAIT POURTANT UN JOLI COUP...
TROIS ANS PLUS TÔT, J'AVAIS 20 ANS. PARIS, COUVERT DE PALISSADES ET DE BÂTIMENTS EN RECONSTRUCTION, ÉTAIT L'ELDORADO DES SOCIÉTÉS D'AFFICHAGE...
ET LE MAGNAT DUFAYEL, DEPUIS SON GRAND MAGASIN GÉNÉRALISTE,
RÉGNAIT SUR L'EMPIRE DE LA RÉCLAME. JE DEMANDAIS À LE RENCONTRER.
DUFAYEL
JE VEUX VOIR LE PATRON.
PAR ICI MONSIEUR.
TERRAIN À VENDRE

ET DONC, SUITE À LA DÉMOLITION DE L'IMMEUBLE, JE SUIS MANDATÉ PAR LE PROPRIÉTAIRE POUR ÉTABLIR DES PALISSADES DE PROTECTION ET LA PUBLICITÉ QUE L'ON PEUT Y AFFICHER. J'AI TOUT DE SUITE PENSÉ À VOTRE MAISON DONT CHACUN CONNAÎT LA QUALITÉ DU TRAVAIL.

J'ESPÈRE QUE NOUS AURONS L'OCCASION DE TRAVAILLER SOUVENT ENSEMBLE.
AUSSI JE VAIS RÉDUIRE MA COMMISSION À 400 FRANCS.

BIEN SÛR, LORSQUE LES EMPLOYÉS DE DUFAYEL ARRIVÈRENT DEVANT LA FAÇADE, ELLE N'ÉTAIT PAS À LOUER...

VOUS M'AVEZ ESCROQUÉ ! SI VOUS NE ME RENDEZ PAS IMMÉDIATEMENT LES 400 FRANCS, JE VOUS DÉNONCE À LA POLICE !
LES VOICI ! MAIS DONNEZ-MOI UN REÇU, JE NE VEUX PAS QUE VOUS ME LES RÉCLAMIEZ PLUSIEURS FOIS.

IL M'AVAIT AINSI GRATIFIÉ D'UN REÇU DE 400 FRANCS AU NOM DE DUFAYEL, AINSI QUE...
... (À SON INSU) DE QUELQUES PAPIERS À EN-TÊTE DE L'ENTREPRISE QUE J'AVAIS RÉCUPÉRÉS AU PASSAGE.
MOULIN DE LA GALETTE BAL
CAFÉ — À LA TASSE
DUFAYEL
SUZE
MAINTENANT, LES CHOSES SÉRIEUSES POUVAIENT COMMENCER !

AINSI, JE FIS LE TOUR DE DIVERSES ENTREPRISES D'AFFICHAGE POUR LEUR PROPOSER D'ALLÉCHANTS CONTRATS, MUNI DE MON PRÉCIEUX SÉSAME...
JE SUIS QUELQU'UN DE SÉRIEUX,
JE TRAVAILLE RÉGULIÈREMENT POUR DUFAYEL...
PIGEONNET
... REGARDEZ MON PAPIER À EN-TÊTE !
QUELQUEFOIS JE LEUR APPORTE DES CONTRATS DE PUB...
Jules LEMPAYER
Affichages dans Paris & Province
D'AUTRES FOIS C'EST DUFAYEL QUI M'APPORTE DES CONTRATS !
REGARDEZ : JE LES AI PAYÉS 400 FRANCS RÉCEMMENT...
... D'AILLEURS, SI VOUS VOULEZ VOIR UN DE LEURS REÇUS,
DIRECTION A. JOBARD AFFICHES
J'EN AI UN SUR MOI !
J'AI ACCUMULÉ DE CETTE FAÇON PLUS DE 100 000 FRANCS : UNE COQUETTE SOMME QUE JE PUS DÉPENSER DANS DES PLAISIRS DIVERS...
HÉLAS, VOUS CONNAISSEZ LA SUITE !

PRISON DE FRESNES.
UN LIVRE, LEMOINE ?
TU AS DU JULES VERNE ? ÇA PERMET DE S'ÉVADER !
OUI, J'AI ÇA !
«L'Étoile du Sud»
« – Mais s'il en est ainsi, reprit le fermier, devenu blême, ce sera la ruine pour les propriétaires de mines, pour moi, pour tout le pays du Griqualand !
– Évidemment ! s'écria Cyprien. Quel intérêt voulez-vous qu'on trouve encore à fouiller la terre pour y chercher de petits diamants presque sans valeur, du moment où il sera aussi aisé d'en fabriquer industriellement de toutes dimensions que de faire des pains de quatre livres !
– Mais, c'est monstrueux !... répliqua John Watkins. C'est une infamie !... C'est une abomination !... Si ce que vous dites est fondé, si réellement vous possédez ce secret... » Il s'arrêta, suffoqué.
« Vous voyez, dit froidement Cyprien, je ne parle pas en l'air, puisque je vous ai apporté mon premier produit !... Et je pense qu'il est d'assez belle taille pour vous convaincre ! »
FABRIQUER DES DIAMANTS. ET POURQUOI PAS ? SAPRISTI !
EN 1904 LE DIRECTEUR ME CONVOQUE.
MONSIEUR LEMOINE, J'AI LE PLAISIR DE VOUS ANNONCER QUE VOUS N'EFFECTUEREZ PAS VOS DEUX DERNIÈRES ANNÉES DE PRISON. VOUS ÊTES LIBÉRÉ POUR BONNE CONDUITE.
IL S'AGIT MAINTENANT D'ÊTRE BRILLANT ! HAHAHAHA !

QUELQUES MOIS PLUS TARD...
ANTIQUITÉS
ARRÊTEZ HENRI, VOUS ÊTES FOU, SI ON NOUS VOYAIT !
LOUISE, JE VOUS AIME À LA FOLIE. MARIONS-NOUS !
OH, HENRI ! VOUS ÊTES SÉRIEUX ?
JE NE L'AI JAMAIS ÉTÉ AUTANT DE MA VIE.
VOUS LE SAVEZ, JE SUIS AU BORD DE FAIRE UNE DÉCOUVERTE RÉVOLUTIONNAIRE SUR LA FABRICATION DU DIAMANT. ET JE VEUX QUE VOUS EN SOYEZ LA PREMIÈRE BÉNÉFICIAIRE. IL FAUT JUSTE QUE VOUS M'AIDIEZ UN PEU, QUE JE PUISSE AVANCER PLUS VITE.
JE VOUS LOUE DÉJÀ CE BEL HÔTEL PARTICULIER RUE PIGALLE, ET VOS BUREAUX RUE DE RIVOLI POUR QUE VOUS PUISSIEZ RECEVOIR VOS INVESTISSEURS.
MAIS QUE VOUS FAUT-IL DE PLUS ?
UN LABORATOIRE.
EH BIEN, C'EST D'ACCORD. VOUS ME FERIEZ FAIRE N'IMPORTE QUOI !
JE SIGNAIS AINSI POUR UN LABORATOIRE BIEN À MOI, 81 RUE LECOURBE.
LE DÉCOR EST PRÊT. PLACE AUX PIGEONS !
EPICERIE DE CHOIX - LEPREVOST

LONDRES, FIN 1904, JE RENCONTRAI LE MARCHAND DE BIJOUX WILLIAM FELDENHEIMER :
CHER FELDENHEIMER, CETTE FOIS, ÇA Y EST : J'AI RÉUSSI À FABRIQUER DU DIAMANT SYNTHÉTIQUE DANS MON LABORATOIRE ! IL ME FAUT DÉSORMAIS TENTER L'EXPÉRIENCE EN GRAND.
VOUS VOUS RENDEZ COMPTE QUE C'EST UNE VÉRITABLE RÉVOLUTION ! TOUS LES DIAMANTS ISSUS DES MINES VONT PERDRE DE LEUR VALEUR !!
LES ENTREPRISES QUI LES EXPLOITENT ET LEURS ACTIONNAIRES ÉGALEMENT !
L'INVESTISSEMENT NÉCESSAIRE SERAIT DE PLUSIEURS CENTAINES DE MILLIERS DE FRANCS.
BIEN TROP CHER POUR MOI ! MAIS JE VAIS VOUS METTRE EN CONTACT AVEC UNE CONNAISSANCE QUI POURRAIT ÊTRE INTÉRESSÉE.
ET FELDENHEIMER SE HÂTA AUX BUREAUX DE LA "DE BEERS" POUR Y TROUVER L'UN DE SES GOUVERNEURS À VIE, JULIUS WERNHER.
L'AVEZ-VOUS VU PRODUIRE DES DIAMANTS ? AVEZ-VOUS PU EN ÉVALUER LA QUALITÉ ?
NON SIR, MAIS MONSIEUR LE COMTE M'A FAIT BONNE IMPRESSION. IL M'AVAIT DÉJÀ FAIT VOIR SA PRODUCTION DE BOART.
(POUSSIÈRE DE DIAMANT, UTILISÉ COMME ABRASIF).
CETTE FOIS, IL M'A ASSURÉ QU'IL ÉTAIT PASSÉ À L'ÉTAPE SUIVANTE.
ET IL EST PRÊT À VOUS LE DÉMONTRER DANS SON LABORATOIRE, À PARIS, MOYENNANT UN INVESTISSEMENT DE VOTRE PART.
S'IL EN EST VRAIMENT CAPABLE ET QU'IL VEND SON INVENTION À UN CONCURRENT, C'EST LA RUINE ! NOUS NE SERIONS PLUS LA PREMIÈRE MULTINATIONALE DU MONDE. TOUTES NOS MINES EN AFRIQUE DU SUD PERDRAIENT DE LEUR VALEUR. J'IRAI VOIR VOTRE HOMME.

PARIS, PRINTEMPS 1905.
NOUS SOMMES DONC BIEN D'ACCORD. JE FINANCE VOTRE USINE DE PRODUCTION DE DIAMANTS SYNTHÉTIQUES SOUS TROIS CONDITIONS : VOUS ME FAITES LA DÉMONSTRATION QUE VOUS ÊTES CAPABLE D'EN PRODUIRE, LA MOITIÉ DES BÉNÉFICES DE L'USINE ME REVIENT ET VOUS PLACEZ LA FORMULE SECRÈTE DE FABRICATION SOUS PLI SCELLÉ À L'UNION OF LONDON SMITH BANK.
LA CLOSERIE DES LILAS
MARCHÉ CONCLU !
VINS
SEPTEMBRE 1905.
J'AVAIS TRAFIQUÉ LE CREUSET, CACHÉ DES DIAMANTS SOUS UNE MATIÈRE QUI DEVAIT FONDRE À HAUTE TEMPÉRATURE.
IL FAISAIT UNE CHALEUR INTENABLE CAR LE FOUR ÉTAIT CHAUFFÉ AU MAXIMUM !
ARRIVENT WERNHER ET FELDENHEIMER.
JE LES ACCUEILLIS AUSSI NU QU'UN VER.
MESSIEURS, JE NE VOUDRAIS PAS QUE VOUS PENSIEZ ÊTRE VICTIMES D'UNE QUELCONQUE SUPERCHERIE...
AUSSI, VAIS-JE PROCÉDER À MON EXPÉRIENCE DANS DES CONDITIONS TELLES QUE VOUS NE POURREZ ÊTRE QUE CONVAINCUS.
TOUJOURS ENTIÈREMENT NU, JE PRIS DIFFÉRENTS PRODUITS...
... DES POUDRES, QUE JE MÉLANGEAI DANS LE CREUSET...

SOUS LEURS YEUX, JE MIS LE CREUSET RECOUVERT D'UN BOUCHON DANS LE FOUR PENDANT UNE BONNE HEURE À TRÈS HAUTE TEMPÉRATURE.
MES SPECTATEURS CUISAIENT SOUS LA CHALEUR.
LORSQUE JE SORTIS LE CREUSET ET VERSAI LE CONTENU SUR LA POUDRE NOIRE, QUE J'ÉCARTAI, SOUDAIN, UN, DEUX, PUIS TROIS DIAMANTS, DE BELLE TAILLE, APPARURENT !
C'EST PROPREMENT PRODIGIEUX.
WERNHER SIGNA UN CHÈQUE IMMÉDIATEMENT ! TOUT COMME FELDENHEIMER !
JE N'AI PAS LES MOYENS DE LA "DE BEERS" MAIS JE VEUX EN ÊTRE ! JE VOUS AI FAIT UN CHÈQUE AUSSI.
WERNHER REVINT UNE AUTRE FOIS AVEC UN DE SES SPÉCIALISTES. TOUT FONCTIONNA ET JE GAGNAI AINSI UN NOUVEAU CHÈQUE...
MAIS LA TROISIÈME FOIS, LE SPÉCIALISTE ÉTAIT PLUS MALIN, HÉLAS.
JE ME SUIS PERMIS DE GLISSER DISCRÈTEMENT UN DE NOS DIAMANTS DANS LA POUDRE DU COMTE LEMOINE POUR VOIR CE QUI SE PRODUIT.
CE JOUR-LÀ, L'AMBIANCE ÉTAIT DIFFÉRENTE ET JE ME MÉFIAI : JE DÉCIDAI QUE L'EXPÉRIENCE NE RÉUSSIRAIT PAS CE COUP-CI.
JE RÉDUISIS DONC DISCRÈTEMENT LA TEMPÉRATURE DU FOUR.
POUR QUE LE PRODUIT QUI RECOUVRAIT LES DIAMANTS NE FONDE PAS...

ET JE FUS SURPRIS DE VOIR APPARAÎTRE...
OH... TIENS !
... UN DIAMANT DE BELLE QUALITÉ !
WERNHER NE SIGNA PAS DE CHÈQUE, CETTE FOIS
L'ANIMAL, IL M'A BIEN EU ! JE NE SAIS COMMENT IL A FAIT POUR ME BERNER, MAIS IL NE SAIT PAS FAIRE DE DIAMANTS. UN MAL POUR UN BIEN, NOS MINES SONT SAUVÉES.
JE PENSE QUE LE VIEUX LORD A DÉCOUVERT LE POT AUX ROSES. TANT PIS, JE LUI AI DÉJÀ SOUTIRÉ 1,6 MILLION DE FRANCS ET PRÈS DE 100 000 À CET IDIOT DE FELDENHEIMER. ILS N'IRONT PAS LE CRIER SUR LES TOITS !
ET SUR LES TOITS, IL Y AURA D'AUTRES PIGEONS ! SAPRISTI !
JE REPRIS DONC LA CHASSE AUX MÉCÈNES SELON MA MÉTHODE HABITUELLE...
JE SUIS QUELQU'UN DE SÉRIEUX, JE TRAVAILLE AVEC LA "DE BEERS" !
C'EST EUX QUI FINANCENT EN PARTIE MON TRAVAIL...
... REGARDEZ LES CONTRATS QUE J'AI SIGNÉS AVEC EUX.
PUIS WERNHER REÇUT UNE LETTRE D'UN AMI ENTHOUSIASTE...
MON CHER JULIUS, J'AI EU LE BONHEUR DE RENCONTRER MONSIEUR LE COMTE LEMOINE. SES EXPÉRIENCES SONT ÉTONNANTES, VOUS AURIEZ PU ME PRÉVENIR QU'IL Y AVAIT LÀ UN BON PLACEMENT. MAIS JE RECONNAIS ICI L'HOMME D'AFFAIRES QUI SAIT GARDER UN SECRET ! JE SUIS HEUREUX DE VOUS REJOINDRE SUR CE COUP-LÀ.
WERNHER, AYANT COMPRIS QUE J'UTILISAIS SON NOM POUR D'AUTRES ARNAQUES, DÉCIDE ALORS DE PORTER PLAINTE POUR ESCROQUERIE.
FIN 1907, JE SUIS ARRÊTÉ.

DÉBUT 1908, JE ME RETROUVAI DANS LE BUREAU DU JUGE LE POITTEVIN
MONSIEUR LE JUGE, J'ALLAIS PRODUIRE DES DIAMANTS EN GRANDE QUANTITÉ QUAND SIR WERNHER A COUPÉ SES FINANCEMENTS. MAIS J'ÉTAIS PRÊT !
LES AVIS SCIENTIFIQUES SUR LE MATÉRIEL DE VOTRE LABORATOIRE SONT POSITIFS. ILS RECONNAISSENT LA QUALITÉ DE VOS INSTRUMENTS.
VOUS VOYEZ !
MAIS ILS PENSENT QUE VOUS N'ÊTES PAS EN MESURE DE PRODUIRE DU DIAMANT SYNTHÉTIQUE !
LES INCAPABLES !
LES MARCHANDS ONT EXPERTISÉ CEUX QUE VOUS AVEZ SOI-DISANT PRODUITS. CE SONT DES DIAMANTS NATURELS. ILS EN ONT MÊME ÉTABLI LA PROVENANCE : VOTRE FEMME, LOUISE, S'EST RENDUE À LONDRES OÙ ELLE EN A ACHETÉ UNE CERTAINE QUANTITÉ. ILS PROVIENNENT DES MINES D'AFRIQUE DU SUD. VOUS AVEZ VENDU À MONSIEUR WERNHER DES DIAMANTS ISSUS DE SES PROPRES MINES !
COMMENT ! VOUS ALLEZ ME DIRE QUE VOS MARCHANDS SONT CAPABLES DE RECONNAÎTRE QUELQUES PIÈCES ALORS QU'ILS EN VOIENT PASSER DES MILLIERS ! PARDON, MAIS SIR WERNHER ET SES SPÉCIALISTES ONT ÉTÉ CONVAINCUS PAR MES DIAMANTS ET C'EST DE BONNE FOI QU'IL M'A VERSÉ PLUS D'UN MILLION ET DEMI !
MONSIEUR LE JUGE, JE VOUS PROPOSE DE PRODUIRE DEVANT VOUS MES DIAMANTS. ENTOUREZ-MOI DU NOMBRE DE POLICIERS QUE VOUS VOULEZ, JE DEMANDE JUSTE À ÊTRE SEUL DANS LE LABORATOIRE POUR NE PAS RÉVÉLER MON SECRET ET QUELQUES SEMAINES POUR TOUT PRÉPARER.
EH BIEN SOIT. JE VOUS LIBÈRE ! NOUS SOMMES EN AVRIL, VOUS AVEZ DEUX MOIS POUR NOUS PROUVER QUE VOUS ÊTES UN VÉRITABLE INVENTEUR. JE VOUS ATTENDS LE 16 JUIN.

LE 16 JUIN, DANS LA COUR DU PALAIS DE JUSTICE, LE JUGE, ENTOURÉ DE NOMBREUX JOURNALISTES, ATTEND HENRI LEMOINE. JE NE SUIS PAS VENU.
MONSIEUR LE JUGE !! ATTENDEZ !
UN COURSIER ARRIVE.
UN PLI, POUR MONSIEUR LE JUGE LE POITTEVIN.
MONSIEUR LE JUGE, JE VOUS PRIE DE BIEN VOULOIR M'EXCUSER DE NE POUVOIR ÊTRE PRÉSENT À NOTRE RENDEZ-VOUS.
MES EXPÉRIENCES N'ONT PAS ÉTÉ CONCLUANTES ET LA PRESSE SE FAISANT L'ÉCHO DE MON ARRESTATION PROCHAINE, IL VA FALLOIR PARTIR AILLEURS POUR CONTINUER MES ÉTUDES. SI JE RÉUSSIS, JE REVIENDRAI VOUS APPORTER LE RÉSULTAT DE MES RECHERCHES.
SIGNÉ : HENRI LEMOINE.
AVEZ-VOUS DES NOUVELLES DE LEMOINE ?
LEMOINE ? MAIS IL EST EN FUITE !
TANT MIEUX, C'EST CE QUE JE VOULAIS !
À PRÉSENT, SA CULPABILITÉ EST DÉMONTRÉE.
DANS LE BUREAU D'ARISTIDE BRIAND, MINISTRE DE LA JUSTICE...
LES JUGES D'INSTRUCTION NE SONT PAS COMMIS POUR ASSURER LE TRIOMPHE DE LA JUSTICE PAR LA FUITE, PAR L'IMPUNITÉ DES COUPABLES ! CET IMBÉCILE S'EST LAISSÉ CONVAINCRE PAR LE SYNDICAT DES BIJOUTIERS ET JOAILLIERS DE METTRE FIN RAPIDEMENT À L'AFFAIRE !
EN ATTENTE DU VERDICT, PLUS PERSONNE N'ACHETAIT DE DIAMANTS, DE PEUR DE VOIR LEUR VALEUR S'EFFONDRER. LEURS AFFAIRES PEUVENT REPRENDRE.
MAIS PAS CELLES DE CE JUGE, VOUS ME LE RELEVEZ DE L'INSTRUCTION DU DOSSIER !

MON AVENTURE AVAIT UN CERTAIN SUCCÈS !
IL LES A BIEN ROULÉS. QUEL GÉNIE !
C'EST ENCORE LE FRANÇAIS QUI A GAGNÉ SUR L'ANGLAIS. QUE WERNHER ESSAIE DONC DE LE RATTRAPER !
CETTE HISTOIRE DE FAUX DIAMANTS N'A PAS ÉTÉ BONNE POUR MES ACTIONS DE LA "DE BEERS". TANT PIS : J'EN FERAI UNE HISTOIRE !
MARCEL PROUST : "L'AFFAIRE LEMOINE"
ON SIGNALE LEMOINE DANS LES PYRÉNÉES ! AU HAVRE ! À DIEPPE ! À BOULOGNE ! EN SUISSE, À BARCELONE, EN ROUMANIE ! JE SUIS PARTOUT ET NULLE PART.
J'AI BEL ET BIEN DISPARU !
BARCELONE ?
DIEPPE ?
LE HAVRE ?
QUELQUES MOIS PLUS TARD, 9 AVRIL 1909, HANS LEITNER, UN COMMERCIAL ARRIVÉ DE VIENNE, PREND UNE CHAMBRE À L'HÔTEL MOLLARD, 115 RUE SAINT-LAZARE.
LIBRAIRIE DE L'
IL ÉCRIT DES LETTRES, SE PROMÈNE, SE COUCHE TÔT. IL SE REND PAR DEUX FOIS DANS UNE MÊME LIBRAIRIE.
LA SÛRETÉ REÇOIT UNE LETTRE ANONYME : LEMOINE EST À PARIS. "CHERCHEZ DU CÔTÉ DE L'ÉTOILE". C'EST LÀ QUE SE TROUVE LA LIBRAIRIE QUI EST ALORS MISE SOUS SURVEILLANCE.
LEMOINE est à PARIS CHERCHEZ du Côté de l'ÉTOILE
LIBRAIRIE DE L'É
LA POLICE ARRÊTE HANS LEITNER, C'EST-À-DIRE MOI.

18 MAI 1909, SALLE DU PROCÈS. LE JUGE ATTAQUE.
VOUS AVEZ LU "L'ÉTOILE DU SUD" DE JULES VERNE QUI POSE LES BASES DE VOTRE HISTOIRE...
CE N'EST QU'UNE COÏNCIDENCE BIZARRE.
VOUS ÊTES VITE ARRIVÉ À UNE GROSSE FORTUNE.
ET VOUS, MONSIEUR LE PRÉSIDENT, VOUS ÊTES NÉ AVEC VOTRE CHEMISE ?
C'EST VOUS QUI METTIEZ LES DIAMANTS DANS LES CREUSETS.
MONSIEUR WERNHER M'A-T-IL VU LES METTRE ?
TRÈS BIEN, DÉCRIVEZ VOTRE PROCÉDÉ.
JE LEUR PRÉSENTAI DES CROQUIS, DES FORMULES CHIMIQUES INCOMPRÉHENSIBLES.

18 MAI 1909, SALLE DU PROCÈS. LE JUGE ATTAQUE :
NOUS AVONS RETROUVÉ LA FORMULE QUE VOUS AVEZ REMISE SOUS PLI SCELLÉ. LA VOICI, DÉBARRASSÉE DE SON VERBIAGE :
PRENDRE UN FOUR ÉLECTRIQUE, PRENDRE DE LA POUDRE DE CHARBON, DU SUCRE...
PLACER LA POUDRE DANS UN CREUSET, PLACER LE CREUSET DANS LE FOUR ET CHAUFFER DE 1500 À 1800 DEGRÉS.
LES DIAMANTS SONT PRÊTS !
CE N'EST PAS À MOI DE PROUVER QUE JE FAIS DU DIAMANT !
C'EST À CES MESSIEURS DE PROUVER QUE JE N'EN FAIS PAS, SAPRISTI !
ENTRE EN JEU MAÎTRE LABORI, MON AVOCAT. IL EST CONNU, C'EST LUI QUI A DÉFENDU DREYFUS. IL MET WERNHER SUR LE GRIL.
VOUS AVEZ VOULU EMPÊCHER MON CLIENT DE DÉVELOPPER SON INVENTION POUR NE PAS PERDRE LA VALEUR DE VOS ACTIONS. EN ATTENDANT, VOUS AVEZ LAISSÉ FILER LA RUMEUR POUR FAIRE BAISSER LE COURS DE BOURSE ET RACHETER DES ACTIONS DE VOTRE SOCIÉTÉ AFIN DE RÉALISER UN COUP FINANCIER !
MON CLIENT EST PRESQUE UNE VICTIME, VOUS ÊTES UN ÉCUMEUR !
ET JE DEMANDE À LA COUR DE SE MÉFIER ET DE NE PAS SE LAISSER IMPRESSIONNER PAR CE RICHE BRITANNIQUE.

UN LOINTAIN JOUR DE JUIN 2018 PARAÎTRA CECI, DANS LA PRESSE ÉCONOMIQUE :

La multinationale De Beers annonce qu'elle va commercialiser sous la marque Lightbox des bijoux fabriqués en laboratoire. Sa filiale Element Six a développé une méthode de production qui lui permet non seulement de créer des pierres synthétiques moins chères que les naturelles mais également meilleur marché que les autres diamants synthétiques. Au moment où les experts s'accordent pour prévoir un épuisement de la production de diamants naturels vers 2030, le marché du diamant de laboratoire semble avoir de beaux jours devant lui. Et De Beers compte bien en être le leader.

THE DAY MAY BREAK (LE JOUR PEUT SE LEVER)

Photographies de Nick Brandt
(avec l'aimable autorisation de la galerie Polka)

Ce sont des survivants d'une même indifférence. Les humains comme les animaux. C'est la raison pour laquelle Nick Brandt les photographie ensemble au Zimbabwe et au Kenya, et bientôt dans d'autres pays d'autres continents, pour cette série intitulée « The Day may Break » (« Le jour peut se lever »).

Les humains, ici, sont des fermiers dont les terres ont été ravagées par un cyclone, des éleveurs dont les troupeaux ont été décimés par la sécheresse, des pêcheurs qui ont vu le lac qui les faisait vivre se vider petit à petit... Victimes de la dégradation accélérée de l'environnement au sud du Sahara, ils ont été forcés de quitter leur village, leur région pour gagner leur vie. Mais certains n'ont même pas eu le temps de partir, leurs enfants ont été emportés par une crue dévastatrice.

Les animaux, eux, ont échappé à des trafiquants et des contrebandiers de viandes de brousse, à des rivières empoisonnées par la pollution, à la destruction de leur habitat naturel sous l'effet de la déforestation... Ils ont été recueillis, souvent très jeunes, dans des refuges ou des réserves. Et c'est parce qu'ils ont ainsi grandi auprès des humains que Nick Brandt a pu réunir les uns et les autres devant son objectif.

Aucun trucage, aucun collage dans ces images où l'homme et le rhinocéros, la femme et la girafe, le vieillard et l'éléphant font face au photographe en victimes communes de notre passivité devant le réchauffement climatique et les ravages contre la biodiversité. Le seul artifice dans ces clichés est celui d'un écran de fumée créé par l'équipe de Nick Brandt pour symboliser le voile qui tombe sur la nature que nous connaissons. Comme un écho aussi aux gigantesques incendies qui asphyxient de plus en plus souvent notre planète.

Aussi en colère soit-il face à ces drames, le photographe britannique veut croire que tout n'est pas joué, que nous pouvons encore agir, individuellement et collectivement, d'où le titre de sa série : *« Le jour peut se lever... sur une terre en ruine. Ou le jour peut se lever sur une nouvelle aube. C'est à l'humanité de choisir. C'est à nous de choisir. »*

¬ **Yann Mens**

James et Najin (Kenya)

James, Peter et Najin (Kenya)

Kuda et Sky (Zimbabwe)

Patrick et les flamands (Zimbabwe)

John et Mak (Zimbabwe)

Sheperd et Matagat (Zimbabwe)

Halima, Abdul et Frida (Kenya)

SAGES-FEMMES : LES RAISONS DE LA COLÈRE

Indispensables et invisibles, telles sont les sages-femmes dans le système de soins français. Elles ont de plus en plus de responsabilités, mais la reconnaissance ne suit pas. A l'automne dernier, un protocole d'accord signé avec le ministère de la Santé a octroyé une prime d'exercice médical aux salariées, et une sixième année d'études. Une réponse encore bien loin de la refonte nécessaire pour leur faire une juste place.

Texte : Céline Mouzon

Illustrations : Sophie Le Grelle

Dans la salle de repos de l'hôpital de Valence (Drôme), Marie Louvet garde un œil sur l'écran où s'affiche le rythme cardiaque des femmes en salle de naissance. Polaire rouge, accent toulousain et grand sourire aux lèvres, la sage-femme de 38 ans évoque les gardes de nuit dont elle adore l'ambiance, *« mais je n'en fais plus, trop fatigant »*. Sa dernière sortie Samu, *« un accouchement en urgence au fin fond de l'Ardèche : hémorragie et le placenta qui ne sortait pas, il a fallu rentrer en hélico »*, raconte-t-elle, avant d'ajouter, non sans malice, en exhibant ses baskets jaune moutarde : *« Et pas une trace de sang sur mes chaussures. »* Si elle sait pourquoi elle fait *« ce métier de dingue »*, elle n'est pas sûre de continuer. *« On est à un tournant historique : soit le gouvernement entend nos demandes, soit je fais autre chose. »*

Deux gouttes d'eau ont fait déborder le vase

La mobilisation des 23 000 maïeuticiennes qui a scandé l'année 2021 a commencé à l'hiver 2020. Deux gouttes d'eau ont fait déborder le vase. Un an avant, au début de la pandémie, le gouvernement a oublié les sages-femmes libérales (35 % des effectifs) dans les distributions de masques. Puis, lors du Ségur de la santé, les sages-femmes hospitalières (60 %) ont découvert qu'elles étaient considérées comme personnel non médical. Elles ont reçu 183 euros net d'augmentation par mois, comme les

paramédicaux et les personnels administratifs. A côté de ça, les médecins ont vu leur indemnité d'engagement exclusif de service public augmentée de 1 000 euros brut. *« On a l'impression de n'être jamais à la bonne place »*, résume Marie-Anne Poumaer, présidente de l'UNSSF, l'un des deux syndicats majoritaires.

« Nos revendications sont statutaires, salariales, et plus largement de reconnaissance de notre place au sein de la société », récapitule Marie-Astrid Bernon, sage-femme orthogéniste [1] dans l'Essonne. Depuis vingt ans, la barque s'est chargée : les responsabilités augmentent, pas les moyens. Et les sages-femmes restent invisibles, reléguées dans l'inconscient collectif au rôle d'infirmière spécialisée, assistante du gynécologue-obstétricien. La profession est féminine à 97 %.

Tout cela, alors que les besoins et les envies des femmes évoluent : accouchements à domicile ou en maisons de naissance (sans péridurale), dénonciation des violences gynécologiques et obstétricales..., tout plaide pour une relation de confiance construite dans le temps plutôt qu'un travail à la chaîne dans les « usines à bébés », comme on désigne parfois les CHU, les grands centres hospitaliers.

Plus il y a de confiance instaurée avec les femmes, moins la naissance est médicalisée, explique Elisa Etienne, sage-femme à Valence. Moins de césariennes, moins d'extractions instrumentales, moins d'accouchements prématurés, moins d'hospitalisations néonatales, moins de dépressions postnatales, énumère-t-elle.

« Certains praticiens disent qu'on se prend pour des gynécos, mais c'est l'inverse, ce sont eux qui se prennent pour des sages-femmes, ironise Caroline Combot, secrétaire générale de l'ONSSF, l'autre syndicat majoritaire. *Les femmes dont les grossesses se passent bien ont besoin qu'on leur accorde du temps, pas d'avoir affaire à quelqu'un de surqualifié. C'est quand la grossesse est pathologique qu'on a besoin de l'expertise du gynécologue. »*

Faire des maïeuticiennes *« les professionnelles de premier recours en cas de grossesse et pour le suivi gynécologique contraceptif et de prévention »*, c'est aussi ce que recommandait la Cour des comptes en 2011. Avec moins de 8 000 gynécologues, qui plus est concentrés dans les grandes villes, la démographie médicale plaide en ce sens.

Suivi gynécologique et IVG

De fait, un certain nombre de compétences leur ont été octroyées. Depuis 2009, elles assurent le suivi gynécologique de prévention (prescription d'un contraceptif, dépistage des infections sexuellement transmissibles, vaccination contre le papillomavirus...), de la puberté jusqu'en maison de retraite.

Les sages-femmes restent invisibles, reléguées dans l'inconscient collectif au rôle d'infirmière spécialisée, assistante du gynécologue-obstétricien

Depuis 2016, elles pratiquent les IVG médicamenteuses. La loi Rist d'avril 2021 leur a ouvert de manière expérimentale l'IVG instrumentale (par aspiration). Dans le nord de la Franche-Comté, *« aucun médecin n'a signé de convention avec un établissement hospitalier »* [2], témoigne Isabelle Maignien, en libé-

[1] L'orthogénie est l'ensemble des méthodes de planification et de régulation des naissances.

[2] Cette convention est obligatoire en cas de complication suite à la prise de médicaments abortifs à domicile.

ral depuis 2004. Sur ce territoire, l'accès à l'IVG est assuré par sept sages-femmes.

D'autres se spécialisent dans les échographies ou dans les parcours de PMA (procréation médicalement assistée). Enfin, elles garantissent l'articulation ville-hôpital, comme Elisa Etienne, qui coordonne les parcours de soins à l'hôpital de Valence : pour chaque patiente enceinte sur le territoire, elle trouve le meilleur suivi en fonction de la distance géographique, et travaille en lien avec une centaine de sages-femmes libérales entre la Drôme et l'Ardèche.

#UneFemmeUneSageFemme

A côté de cela, les sages-femmes sont toujours dans les salles de naissance. A l'hiver 2020, le mot d'ordre #UneFemmeUneSageFemme a été lancé sur les réseaux sociaux. *« Ce n'est pas une revendication littérale, mais une demande de sécuriser la salle de naissance sans nier l'amont et l'aval, en proposant un accompagnement sécurisé, empathique et de qualité »*, explique Isabelle Derrendinger, du conseil national de l'ordre des sages-femmes.

> « S'il y a trop de patientes en même temps, on ne peut pas aller au rythme de la mère et du bébé »
> Marie Louvet, sage-femme

« On suit en moyenne trois patientes en salle de naissance, relate Marie Louvet, toujours un œil sur les rythmes cardiaques. *S'il y a trop de patientes en même temps, on ne peut pas aller au rythme de la mère et du bébé. Certaines sages-femmes mettent du Syntocinon pour accélérer les contractions, ou proposent une péridurale à une femme qui n'en voulait pas pour gérer une urgence ailleurs. Moi, je n'ai pas envie de travailler ainsi. »*

Le travail est morcelé. Sans compter la surcharge mentale : *« On peut jongler entre un couple où il y a un décès (une mort fœtale) et une grossesse où tout va bien. »* En salle de naissance, l'âge moyen des praticiennes est de 25-30 ans. En vieillissant, elles ne sont plus prêtes à suivre ces cadences infernales.

En libéral ou à l'hôpital, elles réalisent aussi des consultations de suivi de grossesse, ainsi que des entretiens pré et postnataux : ce sont *« des temps de prévention médicaux – sur la vaccination, le tabagisme, l'alimentation – et psychosociaux, avec un état des lieux sur le logement, le couple, l'emploi, la dépression... »*, synthétise Isabelle Maignien.

Le rapport des 1 000 premiers jours sur la petite enfance, remis en septembre 2020 au gouvernement, souligne la nécessité de renforcer ce rôle d'accompagnement, qui pourrait logiquement échoir aux sages-femmes. D'autant qu'en France, le suicide est l'une des premières causes de mort maternelle en *post-partum* [3], une cause jugée à 90 % évitable.

« Spécialistes de la périnatalité », ainsi que les qualifie Elisa Etienne, elles sont *« comme le médecin généraliste qui renvoie vers le spécialiste quand les choses se compliquent »*. *« Spécialistes de la santé sexuelle et reproductive des femmes »* pour Marie-Astrid Bernon, sage-femme orthogéniste, leur formation est depuis 2002 de cinq ans : une première année de médecine avant une spécialisation en pédiatrie, gynécologie, obstétrique et orthogénie. Réclamé depuis des années, l'ajout d'une sixième année d'études devrait être effectif à la rentrée 2022.

Boussole financière

La reconnaissance ne suit pas. *« La boussole est financière. On découvre du côté des instances ministérielles qu'elles ont des compétences quand ça arrange. C'est une opportunité, au coup par coup, et sans qu'il y ait l'ambition de revaloriser la profession »*, analyse la sociologue Florence Douguet.

De plus, *« les compétences octroyées ces dernières années restent dépendantes des concessions faites par les médecins. Les gynécologues sont très mobilisés contre l'entame de leurs compétences. Leurs organisations professionnelles sont très puissantes. Le nombre de médecins députés versus le nombre de sages-femmes députées est aussi un indicateur du poids politique de ces professions »*, ajoute le sociologue Alain Vilbrod.

Il a fallu attendre 1995 pour que le conseil national de l'ordre des sages-femmes ne soit plus dirigé par un gynécologue-obstétricien.

[3] Période qui s'étend de l'accouchement au retour des règles.

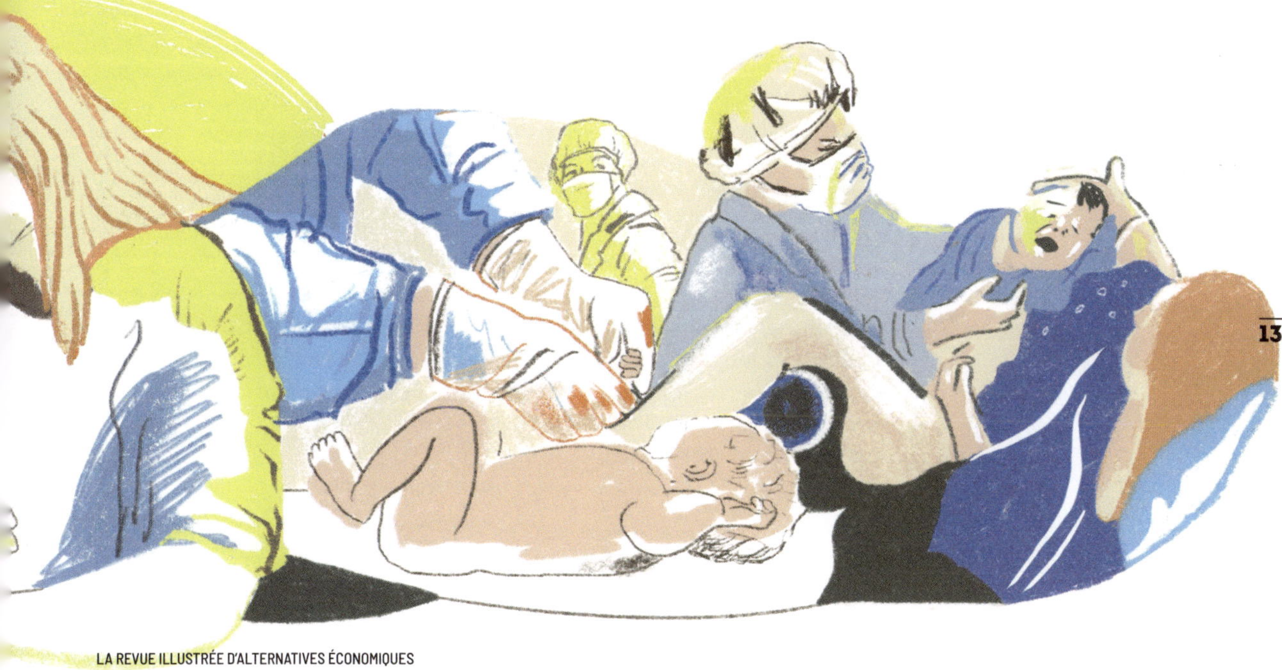

« Historiquement, les médecins ont eu tendance à monopoliser un certain nombre de gestes et à reléguer les sages-femmes dans des tâches d'exécution au nom de la science experte, alors qu'elles accompagnent les femmes en couches bien avant que les médecins ne s'y intéressent », poursuit-il.

Si les sages-femmes retrouvent des compétences, cela ne témoigne pas pour autant d'une vision ambitieuse de ce métier par les pouvoirs publics, mais d'une façon de gérer la démographie médicale

Même si les sages-femmes retrouvent des compétences qui ont été les leurs pendant des siècles, cela ne témoigne pas d'une vision ambitieuse de ce métier par les pouvoirs publics, mais d'une façon de gérer la démographie médicale et de pallier les difficultés d'accès aux soins, tout en ménageant d'autres professions, puissantes politiquement. Témoin de cette situation, l'évolution des modes d'exercice. Démographiquement, le nombre de sages-femmes augmente continûment et devrait continuer à croître jusqu'en 2050 au moins, pour atteindre 28 000. Mais cette augmentation devrait être portée par l'exercice en libéral, au détriment d'une pratique à l'hôpital qui stagnerait, preuve de la désaffection pour un exercice extrêmement contraignant où la sage-femme doit rester à sa place tout en étant couteau suisse. *« Elles tiennent ensemble le* cure *et le* care, *l'hypertechnique et le soin »*, résume Maï Le Dû, sage-femme et chercheuse en sciences sociales. Elles peuvent coordonner des programmes de soins, poser un diagnostic, réaliser un frottis ou apporter un plateau-repas.

Un statut ambigu

Ironie du sort, elles sont toutefois pleinement responsables au civil et au pénal. Elles sont indépendantes en matière d'exercice, de prescription et d'acte. *« On n'agit pas sous*

C'EST MIEUX AILLEURS ?

En Angleterre, les sages-femmes ont été, comme en France, peu à peu marginalisées à l'âge moderne, et reléguées après-guerre au rôle d'infirmières spécialisées dans les naissances. Mais dans les années 1990, un virage a été pris. Le but : aller vers une approche centrée sur le patient, sortir de la médicalisation de l'accouchement et faire des sages-femmes une porte d'entrée du système de soins. Aux Pays-Bas, un tiers des naissances a lieu à domicile, avec l'aide des sages-femmes. Ces modèles sont-ils transposables en France ? *« Dans l'Hexagone, la formation est de très haut niveau comparé aux autres pays européens »*, souligne Maï Le Dû, sage-femme et chercheuse en sciences sociales. En Angleterre, par exemple, elles n'ont pas le statut de profession médicale. Paradoxalement, la formation des sages-femmes françaises pèche en physiologie, c'est-à-dire pour accompagner les accouchements à terme et spontanés, sans complication ni intervention technique. Cela supposerait une révolution dans la manière de concevoir la grossesse : plutôt que de la considérer a priori comme à risque, partir du principe qu'elle n'est pas une maladie, et qu'elle se passe bien, jusqu'à preuve du contraire.

la responsabilité d'un autre professionnel de santé », résume Caroline Combot. Le code de la santé publique leur reconnaît le statut de profession médicale depuis 1803, *« avant les dentistes, peu après les débuts de l'encadrement de la profession et la création des écoles de sages-femmes »*.

Mais tous les textes ne sont pas cohérents avec le code de la santé publique. D'un côté, *« comme c'est une profession médicale à compétence définie et réglementée, la loi fixe la liste des actes qu'elles ont le droit d'accomplir et des médicaments qu'elles ont le droit de prescrire »*, relèvent Florence Douguet et Alain Vilbrod.

De l'autre, l'Insee, par exemple, classe les sages-femmes parmi les professions paramédicales. *« Cette non-reconnaissance a une incidence sur l'inconscient de la population. Les patientes ne pensent pas à aller voir une sage-femme, car son rôle n'est pas clairement défini par les pouvoirs publics »*, précise Aurore Giraud, qui suit le dossier à l'ONSSF.

D'où de nombreuses incohérences qui entravent l'ordinaire du travail, comme l'illustre Elisa Etienne : *« Je peux suivre une femme enceinte qui présente un diabète de grossesse, prescrire la prise de sang pour dépister le diabète, l'analyser, lui expliquer l'équilibre alimentaire nécessaire et comment surveiller son taux de sucre, lui montrer comment utiliser l'appareil glycémique, appeler l'endocrinologue si les résultats sont pathologiques, mais... je n'ai pas le droit de prescrire l'appareil de glycémie. Pour ça, elle doit voir le généraliste. Au quotidien, on sollicite nos confrères médecins pour rien, c'est épuisant. »* Infantilisant, paternaliste et humiliant, ajouteraient d'autres.

Rémunération : une profession lésée

Les conséquences de ces incohérences statutaires sont tangibles. A l'hôpital, les sages-femmes commencent à 1 600-1 800 euros net par mois, et peuvent espérer finir à 3 000 euros. *« 1 700 euros par mois, alors qu'on a cinq années d'études, des responsabilités médicales, qu'on réanime des bébés, et qu'on s'occupe de bébés morts... Mes copines me disaient : "ah ouais ? quand même !" »*, commente Marie Louvet.

POUR EN SAVOIR +

« La sage-femme, le généraliste et le gynécologue : les enjeux des relations entre des métiers en tension », par Florence Douguet et Alain Vilbrod, Observatoire national de la démographie des professions de santé, mai 2021.

« L'évolution de la profession de sage-femme », Igas, juillet 2021.

« Synthèse entre *cure* et *care*, les sages-femmes déboussolent le genre », par Maï Le Dû, *Clio. Femmes, genre, histoire* n° 49, 2019.

L'école des sages-femmes. Naissance d'un corps professionnel (1786-1917), par Nathalie Sage Pranchère, Presses universitaires François-Rabelais, 2017.

Formation continue, prime de territoire pour l'exercice « hors les murs », participation aux instances de gouvernance de l'hôpital, tout est à l'avenant : les sages-femmes touchent moins, voire rien, et doivent se battre pour ne pas être oubliées.

Pour la formation continue, elles ont droit à 100 euros par an, là où les médecins hospitaliers bénéficient d'un calcul en pourcentage de leur masse salariale, qui aboutit à bien plus. *« Je fais une formation sur l'accompagnement émotionnel à la naissance à Lyon,* illustre Marie Louvet. *C'est 2 200 euros de ma poche sans compter les allers-retours, à raison de trois fois trois jours sur mon temps personnel. »* Rebelote sur la prime de territoire : *« Lorsque j'allais à Die pour des consultations de suivi de grossesse* [deux heures allers-retours, NDLR], *j'étais indemnisée uniquement pour les trajets. »* Un médecin qui fait le même trajet touche en plus une prime d'exercice territorial, qui dépend du temps passé hors du site principal d'exercice : cette prime va de 250 euros brut par mois pour une demi-journée par semaine hors du site principal à 1 000 euros pour quatre demi-journées sur au moins deux sites, ou plus de quatre demi-journées. A Valence, la direction de l'hôpital a beau *« soutenir ces personnels déterminants dans notre fonctionnement »*, elle reste contrainte par la loi.

En libéral, les sages-femmes ne peuvent être qu'en secteur 1. Les dépassements d'honoraires sont interdits. La consultation de base est à 25 euros, comme chez les généralistes. Jusqu'en 2019, certains actes, tel le frottis, étaient cotés par l'assurance maladie moitié moins lorsqu'ils étaient pratiqués par des sages-femmes plutôt que par des gynécologues.

Au final, la rémunération dépend du temps de travail. Avec *« un bon temps plein et des visites à domicile le week-end »*, Isabelle Maignien, 52 ans, qui exerce en zone rurale en Franche-Comté, estime à 2 800 euros sa rémunération mensuelle. Et de s'exclamer : *« Je suis "Mini Mir", pour un prix minimum,*

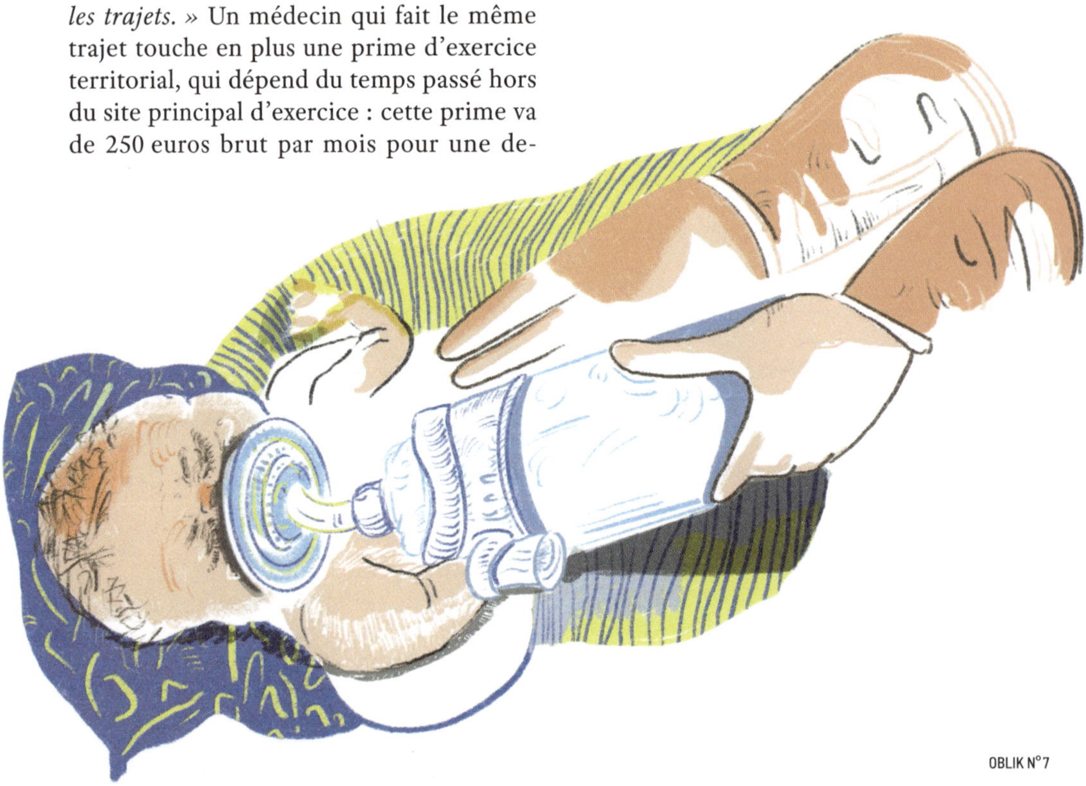

je fais le maximum », en référence à une publicité pour un produit nettoyant des années 1980.

Vers un nouveau statut ?

Alors que faire ? A l'hôpital public, certaines souhaitent un statut de praticienne hospitalière spécifique, et la sortie du fonctionnariat. D'autres veulent rester dans la fonction publique. *« Mais ce débat ne concerne que les hospitalières du public, soit moins de 50 % de la profession. On fait croire que nous sommes divisées. Mais on est d'accord sur l'essentiel : le caractère médical de notre profession. Une fois cela acquis, qu'on nous laisse discuter entre nous des modalités »*, tranche Isabelle Derrendinger. *« Il y a un manque de courage politique,* poursuit-elle. *La politique de santé reste hospitalo-centrée et genrée ! »*

La loi Rist d'avril 2021 a mis fin à un certain nombre d'incohérences – sur les renouvellements des arrêts de travail, la liste des médicaments pouvant être prescrits ou le rôle de sage-femme référente dans le suivi de la grossesse. Mais rien sur le statut ou la rémunération, remis à une mission Igas (Inspection générale des affaires sociales) qui a rendu ses conclusions à l'été 2021. L'hypothèse de l'octroi du statut de praticien hospitalier a été rejetée : *« le surcoût annuel exorbitant* [a été] *évalué par la mission à un milliard d'euros »* et *« ni la durée de formation ni la nature des responsabilités »* ne le justifient, peut-on y lire. Bref, on est encore loin d'une vision cohérente et ambitieuse. A l'automne dernier, après la reprise des mobilisations à la rentrée, un protocole d'accord a été signé. Outre l'ajout d'une sixième année d'études, il prévoit une revalorisation salariale pour les sages-femmes hospitalières par l'adjonction, aux 183 euros du Ségur de la santé, d'une revalorisation de la grille de 78 euros et d'une prime d'exercice médical de 240 euros. Coût total pour les finances publiques : 100 millions d'euros pour 2022.

> « Je suis "Mini Mir", pour un prix minimum, je fais le maximum »
>
> Isabelle Maignien, sage-femme

« Cela en dit long sur la façon dont on considère la santé des femmes en France », s'agace Isabelle Derrendinger. *« J'éprouve une certaine lassitude,* reconnaît de son côté Elisa Etienne. *C'est pour ma mère et mes filles que je me bats, pour qu'elles aient accès à un suivi gynécologique et obstétrical de qualité. »* ●

ANNE-GAËLLE AMIOT

Illustratrice, Anne-Gaëlle Amiot n'est pas très douée pour l'écriture, encore moins pour les biographies. Elle préfère le dessin, précis, réaliste, au crayon, qu'elle a pratiqué aux Arts décoratifs de Paris, avec la gravure et la sérigraphie. Elle travaille un peu pour l'édition et beaucoup pour la presse (*L'Obs*, *Le Monde*, *So Press*, etc.).

LAURA ANCONA

Née à Paris en 1988, Laura Ancona est diplômée de la Haute école des arts du Rhin en 2012. Elle dessine et illustre pour l'édition jeunesse (Actes Sud Junior) et pour la presse (*Télérama*, *XXI*, etc.). Elle intègre en 2018 l'agence Costume 3 Pièces et travaille pour des clients tels que la Veuve Clicquot, la mairie de Paris...

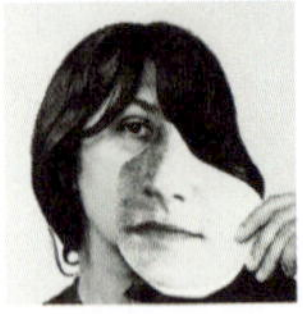

MATHILDE AUBIER

Illustratrice installée à Paris, son travail est basé sur la technique du collage, utilisant des textures de papier, des trames d'impression et d'autres effets de peinture, créant un univers chaleureux et fait main. Inspirée par les dadaïstes et la nature, elle expérimente les accidents et les harmonies de couleurs créées aléatoirement par ce procédé.

ARNAUD AUBRY

Designer graphique et illustrateur basé à Nantes, Arnaud Aubry exerce principalement pour le milieu culturel et associatif. Son travail d'illustration emploie un style schématique, où les objets prennent vie dans un monde coloré et farfelu.

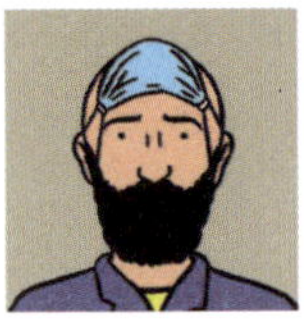

SIMON BAILLY

Né en 1993, Simon Bailly est auteur et illustrateur. Il a suivi les cours de l'Ecole supérieure d'art de Lorraine. Depuis 2015, il collabore avec de nombreux journaux et maisons d'édition à travers le monde.

école de condé PARIS
DESIGN & IMAGE · PATRIMOINE

ÉCOLE DE CONDÉ

Emma Akhtari, Anne-Isabelle Lucas, Marine Pujol et Lana Savary ont illustré plusieurs doubles de ce numéro dans le cadre de leur master 1 illustration bande dessinée à l'Ecole de Condé. Cette école propose un large champ de formations accessibles aux niveaux bachelor et master en design, image et patrimoine.

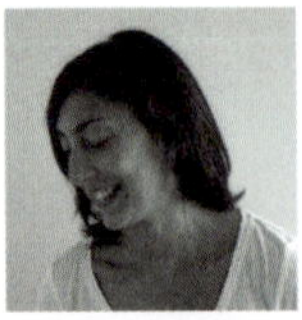

MARINE COUTROUTSIOS

Après une licence en arts plastiques, Marine Coutroutsios a travaillé comme sculptrice, architecte d'intérieur, designer papier, puis comme illustratrice. Mettant ses illustrations aux lignes délicates à contribution des articles de presse, elle invite le lecteur à élargir ses perspectives de lecture.

MARC DUBUISSON

Auteur de BD belge très actif sur les réseaux sociaux, il dessine pour *Les Echos Week-end*, *Topo*, etc. Son dernier ouvrage, *Le président est une noix de coco*, est paru aux éditions Delcourt.

LAURENT DUVOUX

Diplômé de l'ECV Paris, illustrateur depuis quinze ans, il développe des images conceptuelles pour la presse et les agences de com avec un credo : l'idée, sans superflu.

LUCILE FARRONI

Diplômée de l'école Brassart, Lucile Farroni vit à Paris. Avec son style très coloré, elle apprécie illustrer des plats très gourmands et des scènes de vie. Elle a travaillé pour McDonald's, Bayard Presse, l'INA, etc.

NATHALIE FERLUT

Autrice de BD, parfois scénariste, dessinatrice ou illustratrice et souvent tout ça à la fois, elle a réalisé une quinzaine d'albums pour nourrir sa passion créatrice et ses chats. Le dernier, *L'assassin des petits carreaux*, est sorti en 2021 aux éditions Delcourt.

BENOÎT HAMET

Auteur illustrateur né en 1984 en région parisienne, il a étudié la bande dessinée à l'Ecole supérieure des beaux-arts d'Angoulême et un temps à l'Académie des beaux-arts de Bologne, en Italie. Il part ensuite vivre pendant six ans à Istanbul en Turquie, travaillant avec plusieurs institutions et revues culturelles locales (*Penguen*, *Karakarga*, *OT Dergi*). Il est depuis la fin de l'année 2021 revenu vivre en France.

GUILHERME HENRIQUE

Diplômé en design graphique au Brésil, Guilherme Henrique a aussi étudié l'art à l'université Paris 1 Panthéon-Sorbonne. Il a collaboré avec des studios de design et agences de pub, et est aujourd'hui *freelance*. Il travaille pour la presse brésilienne et internationale (*TED*, *GQ*...). Il vit à Curitiba.

ALEX JORDAN

Allemand d'origine, Alex Jordan est malentendant et *« politiquement éveillé »*, ce qui l'a toujours poussé à dessiner, écrire, photographier et filmer. Il a fait partie de l'aventure du collectif de graphistes Grapus (1976-1990) et est aussi un des fondateurs du bar Floréal-photographie (1985-2014). Il a enseigné la communication visuelle à la Kunsthochschule Berlin Weissensee.

JOHAN KESLASSY

Illustrateur franco-israélien autodidacte, Johan Keslassy travaille essentiellement pour la presse (*The Wall Street Journal*, *The Washington Post*, entre autres). Lorsqu'il ne dessine pas, il observe les gens sur les quais de Seine à la recherche d'inspiration.

SOPHIE LE GRELLE

Née à Bruxelles en 1987, Sophie Le Grelle se spécialise dans l'illustration éditoriale. Ses illustrations s'inspirent de motifs, de textures, tout en couleur et douceur avec comme sujets de prédilection l'écologie et les droits de l'homme. Elle réalise actuellement son premier court-métrage d'animation.

ANDRÉ LEJARRE

Après des études de cinéma et de sociologie, André Lejarre commence en 1970 la photographie. Il photographie le monde du travail, son quotidien, ses contradictions, ses luttes. Pendant trente ans, il a participé à la création et à l'animation du bar Floréal-photographie, jusqu'à sa fermeture en 2015.